Renovación de la mente
Secretos bíblicos para ser mejor

LEOSTONE MORRISON

Charlestown Nevis, W.I

Copyright © 2020 de Leostone Morrison ISBN-13: 978-1-62676-566-5

TODOS LOS DERECHOS RESERVADOS

Sin limitar los derechos bajo los derechos de autor reservados anteriormente, ninguna parte de esta publicación puede reproducirse, almacenarse o introducirse en un sistema de recuperación, o transmitirse, en cualquier forma o por cualquier medio (electrónico, mecánico, fotocopiado, grabación u otro), sin el permiso previo contractual o por escrito del propietario de los derechos de autor de este trabajo.

. . . . .

Publicado por
Restoration of The Breach Without Borders Publishing
Colquhoun Estate, Charlestown Nevis W.I.
restorativeauthor@gmail.com
Tele: (1869) 669-4386

Impresión y libro electrónico por
Calbert Simpson
creativevillage@gmail.com

Jack Ngumbah
jack.ngumbah@ndmd.kn

Edición realizada por:
Juan Lynch
Juanpablo_20@hotmail.com

Traducido por:
Aury Lynch
aury.lynch.ted@gmail.com

CONCTACTO DEL AUTOR
restorativeauthor@gmail.com

Los versículos de las Escrituras, a menos que se indique lo contrario, se citan en la versión autorizada de la Biblia King James.

DEDICACIÓN

A mi madre, Albertha Mitchell. A pesar de la inmensa pobreza, mantuviste el rumbo. Criaste a tres niños y dos niñas como madre soltera. No tenías mucho pero nos diste todo.

A mi esposa Sherene Badjnaut Morrison, mi fortaleza, mi confidente y amiga. Tu amor sincero me da la confianza extra para perseguir quién Dios me ordenó que fuera.

Para mis cuatro hijos, Shamari, Caleb, Josiah y Khadeem, y mi hija Gabriella, ustedes son mi inspiración de Dios.

ENDOSOS

En el siglo pasado, un popular clérigo estadounidense, Norman Vincent Peale, publicó un libro influyente titulado *El poder del pensamiento positivo*. Cambió la vida de muchos. Un erudito conservador, que no estaba satisfecho con el contenido bíblico, bromeó: "¡Francamente, encuentro a Paul atractivo y a Peale espantoso!"

El autor de este libro, *Mind Renewal*, escribe en el género del éxito de ventas de Peale y, como sugiere el subtítulo, hace todo lo posible para lograr ese equilibrio feliz entre la revelación divina y la aplicación popular. Me recuerda mucho a gemas como Isaías 26: 3 y Filipenses 4: 8; Todavía es cierto que "como el hombre piensa ..., así es él". Después de todo, no soy lo que creo que soy. Lo que pienso, lo soy. Espero que encuentres este tomo terrible, ¡perdón!

-Dr. Delano Palmer
Ex vicepresidente
Seminario Teológico de Jamaica

. . . . .

En *Renovación Mental*, el pastor Leostone Morrison nos recuerda que nuestras palabras, en la medida en que se alinean con la Palabra de Dios, tienen el poder de dar forma a nuestra visión, pensamientos y actitudes.

A la vez, nuestra visión, pensamientos y actitudes influyen tanto en cómo vivimos en el presente como en el futuro. Proporciona ilustraciones personales destacadas y ejemplos prácticos. Estoy agradecido que el pastor Morrison escribió este libro y estoy seguro de que desafiará, alentará e inspirará a muchos a crecer en su fe cristiana.

-Rdo. Dr. Paul A. Hoffman Pastor Principal de EFC Newport

. . . . .

La *Renovación Mental* ofrece la clave para desbloquear la libertad mental y espiritual para aquellos que se han impuesto límites conscientes e inconscientes. Eleva la mente y despierta el espíritu a la posibilidad de realización y propósito reales.

-Rdo. Dalton Grenyion Pastor Principal de Sandy Point y Iglesia de Santidad Wesleyana de St.Pauls

. . . . .

Leostone Morrison ha escrito un libro transformacional de lectura obligatoria para cualquiera que busque misterios ocultos sin explotar de la Palabra de Dios. Esta fue una revelación tan perspicaz y sólida de la dimensión espiritual de la mente ... Lea esta obra brillante, y verá la verdad desentrañándose frente a ti.

—Latoya Clarke,
fundadora Ministerios de
amor sin diluir

AGRADECIMIENTOS

Para el Espíritu Santo, mi principal ayudante del destino. Gracias por impartirme la sabiduría para escribir este manual de Renovación Mental. Como me descargaste, grabé para compartir con el mundo.

Estoy realmente honrado de ser bendecido con la familia que tengo. Sherene, mi esposa, me permitiste tiempo y espacio para escribir. Su valioso apoyo y estímulo no pueden ser valorados monetariamente.

Mi amiga Hillary Dunkley Campbell, que ha sido una fuente importante de motivación. Me presionaste para que no cayera bajo el peso de la voz de la dilatación pasada. Su contribución está registrada en el cielo y creo sinceramente que su recompensa será excelente. Mi familia y todos los que leerán este libro, gracias.

Gracias Jacob Munakwa Ngumbah por animarme a convertir mis enseñanzas del Estudio Bíblico en formato de libro. Usted vio la riqueza de lo que el Espíritu Santo estaba enseñando y pensó que era prudente ser preservado.

Sra. Latoya Clarke Grant, por su respaldo y contribuciones detrás de escena que son demasiado para mencionar. Ruego que continúes poniéndote a disposición del.Reino.de.Dios.

Apreciación continua por el siguiente nivel Vamos a subir a la familia de estudio bíblico. Aunque somos países separados, nos conectamos en una habitación a través de WhatsApp. Gracias a los guerreros de oración que han mantenido a mi familia y a mí en oración, intercediendo en nuestro nombre perpetuamente. Quienes aceptaron el desafío de criticar un capítulo. Tus contribuciones no tienen.precio.

A la Sra. Cameka Taylor, autora y fundadora de Extra MILE Innovators y del grupo de empresarios independientes, por el desafío "De la idea al manuscrito en 30 días". Este es el vehículo que el Espíritu Santo usó para hacer realidad este sueño. Sra. Taylor, usted compartió su riqueza de conocimientos conmigo, para esto el mundo es mejor.

Dr. Delano Palmer, Reverendo Dalton Grenyion, Dr. Paul Hoffman, Obispo Clinton G. Ruddock, le agradezco sus palabras de apoyo, estoy tremendamente agradecido.

Agradezco personalmente al Reverendo David Grant por escribir el prólogo de este manual de Renovación Mental. No son solo agradecimientos por su influencia en el libro, pero por su inversión sin reservas en mi vida. Su desafío me ha empujado a expandirme más allá de lo normal. Su desafío fue: "Si no lo haces mejor que yo, entonces has fallado". Me propongo continuar persiguiendo ese desafío sin fallarle.

PREFACIO

"Y no te conformes con este mundo, sino sé transformado por la eliminación de tu mente", parece ser la traducción que tantos cristianos escuchan. Muchos parecen pensar que cuando uno nace de nuevo, Dios no tiene uso para sus mentes/ intelectos. Teniendo en cuenta que nuestros pensamientos determinan a los hábitos y nuestros hábitos determinan nuestro estilo de vida, nos corresponde pensar bien. Nunca olvides que como un hombre piensa, él es.

Se ha desenterrado un tesoro en el cuerpo de Cristo: Leostone Morrison, y doy gracias por ser parte del viaje. He tenido el privilegio de ser mentor y pastor de Leostone por más de 15 años. El autor ha experimentado personalmente lo que ahora nos ofrece a sus lectores. Los invito a emprender este viaje de la vida transformando el conocimiento mediante "Renovación de la mente".

La *renovación mental* es una lectura refrescante. Encapsula la verdad profunda de cuán lejos están nuestros pensamientos de los pensamientos de Dios. Hay un fuerte enfoque en el hecho de que si vamos a ser "exitosos" en esta vida, nuestras mentes deben renovarse. Encuentro este libro fascinante. Captura su atención desde el principio. Cuando comencé a leer el manuscrito no pude dejarlo. Causó mucha introspección.

Leostone ha capturado el corazón y la mente de Dios en las páginas de este libro. Él articula el deseo de Dios de que pensemos y operemos en lo que podría considerarse la "clase de Dios". En lugar de ver una vasta extensión de espacio, ver universos. Estoy muy ansioso por ver el libro de trabajo devocional que complementará este volumen para lograr un cambio práctico y duradero.

-Rdo. David Grant
Pastor Principal
Centro Evangelístico de Jamaica

TABLA DE CONTENIDO

Prefacio i
Introducción: El costo de la libertad… 1
Capítulo 1: Coexistiendo en el presente y el futuro. 4
Capítulo 2: La semilla de la palabra 11
Capítulo 3: Orar versus mandar 21
Capítulo 4: La Palabra Prometida 30
Capítulo 5: Grandes espíritus y mentes mediocres 37
Capítulo 6: Perspectiva y renovación mental 47
Capítulo 7: Intérpretes agrietados 55
Capítulo 8: Victoria más allá de las barreras 65
Capítulo 9: La escalera del éxito 74
Capítulo 10: Un mejor yo 82
Capítulo 11: No se trata de ti 92
Capítulo 12: ¿Cuál es su realidad? 105
Capítulo 13: Propósito Divino 114
Capítulo 14: Belleza de las cicatrices 131
Capítulo 15: Su próximo 144
Capítulo 16: Marah a Elim 160
Capítulo 17: Superar 168
Capítulo 18: Volviendo a ti mismo 183
Epílogo: Avanzando 192
Oración de Clausura 196
Referencias 198
Sobre el Autor 201

INTRODUCCIÓN:
El COSTO DE LA LIBERTAD

¿La libertad, una ilusión propagandizada por quienes tienen autoridad y propulsada por los ricos, con la mentira de la unidad y la igualdad para toda la humanidad? ¿Qué nos hace iguales o libres? ¿Soy libre porque las cadenas y los yugos se han eliminado de lo visible, pero se han vuelto más fuertes en lo invisible? ¿Soy libre porque permanezco en el exterior de una instalación de máxima seguridad? Si se crea una réplica de un bosque y los animales se sacan de su safari africano y se les hace vagar y vivir en esta réplica, ¿los libera?

¿Eres libre cuando el sonido chirriante de tus errores sigue resonando mientras tu mente depende de promesas y expectativas rotas? ¿Eres libre cuando el sol intenta penetrar en los cristales de las ventanas, teñido de pena, abierto por el dolor, cerrado por la culpa y cubierto por la vergüenza? ¿Eres libre cuando tu capacidad mental se niega a ser efectiva y piensas en términos futuristas? ¿Eres libre cuando estás paralizado por los acontecimientos de ayer y la penumbra de hoy? ¿Estás libre cuando el terremoto que siguió al huracán es un recuerdo cercano porque tu corazón todavía está poblado por los escombros producidos y esperas y buscas un lugar de descanso? ¿Estás buscando ese lugar de aceptación, familiaridad y paz, pero aún así este lugar parece eludirte constantemente?

¿Fuiste demasiado entusiasta o poco realista en tu deseo de recompensas esperanzadoras, cuando buscaste la emancipación mental y la libertad de la prisión de la raza la religión, la política, la economía y el yo? ¿Era demasiado admitir, como reconocido artista jamaicano de Dancehall, Buju Banton escribió en su canción, "¿Quiero gobernar mi destino", que "el camino del hombre rico está en la ciudad, la destrucción de los pobres es su pobreza?" ¿Era demasiado desear la libertad?

La libertad es una ilusión si el estado de libertad no es disfrutado por la mayoría de los habitantes. La libertad se considera un lujo para algunos, un regalo para otros y un derecho para otros. La libertad es la capacidad de maximizar el potencial y las oportunidades en un formato constructivo sin restricciones.

Escuché y busqué al famoso cantante de Reggae, las instrucciones de Bob Marley, "emancípate de la esclavitud mental, nada más que tú puedes liberar tu mente". ¿Pero qué encontré? Soy un prisionero de mi propia mente. La guerra para escapar de tu propia mente no será ganada por una nueva legislación, el lanzamiento de misiles o la firma de tratados de paz, sino por la renovación de tu mente. Soy mi propio cautivo y libertador, y tú también.

La guerra más grande es la que enfrentas en tu mente. La prisión más grande es la creada en tu mente. Este libro te confiará las herramientas para liberarte de esa guerra y te equipará con valiosas herramientas que te ayudarán a emanciparte de los dolores y barreras que te has impuesto a ti mismo.

Para disfrutar de la riqueza ofrecida en esta vida, necesitamos renovar nuestras mentes perpetuamente, según las instrucciones del escritor del libro Romanos, "Y no conformarse con este mundo: pero sed transformados por la renovación de su mente, que pueden probar cuál es esa buena, aceptable y perfecta voluntad de Dios"(Romanos 12: 2). La renovación de la mente es el rechazo de las ideologías mundanas, los dogmas y los sistemas de creencias a la sincronización de tu mente con la voluntad completa de Dios.

Entendemos que una persona nunca logrará lo que la mente no ha percibido. Por lo tanto, este libro está diseñado para ayudarlo a lograr tu propósito y tuss sueños y aspiraciones más elevados. Te posicionará para escapar de las garras de lo común para convertirte en la mejor versión de ti mismo. Para escapar de las garras de lo ordinario, debemos renovar nuestras mentes y captar las riquezas que nos esperan fuera de los parámetros de la norma. Este es un llamado a pensar y actuar con mayor frecuencia. Es un viaje a la libertad a través de la renovación de tu mente. El resultado será un mejor TU.

CAPÍTULO 1:
COEXISTIENDO EN EL PRESENTE Y EL FUTURO

"No hay pasión por ser pequeño, conformado con una vida que es menos de la que uno es capaz de vivir". -Nelson Mandela

Hemos escuchado que el cielo es el límite. Esto, en su sentido más crudo, habla de la gran cantidad de posibilidades abiertas. El tamaño del cielo varía según la disponibilidad de la visión o el espacio al que está expuesto. La persona que está confinada a una habitación con una sola ventana, no verá el cielo en la misma magnitud que la persona que está sentada en un campo de fútbol abierto. Con esto en mente, nos vemos obligados a aceptar eso, no todos tienen el mismo cielo. El cielo de cada persona depende de su visión del mundo e ideologías personales. La cima de la ideología de un hombre será el tejado o el techo de su cielo. La extension del cielo de un hombre nunca superará la abundancia o restricción de su sistema de creencias. Eliminemos la diferencia de la vista física, si movemos a la persona en la habitación con una sola ventana y hagamos que se una a su contraparte en el campo de fútbol.

Esto no garantiza la igualdad en los cielos. El mismo espacio, oportunidades y vista, pero variaciones en visión. Desafortunadamente, *la visión y la vista* se han utilizado simultáneamente en detrimento del verdadero significado de las palabras. La vista habla de la utilización de uno de los sentidos físicos del hombre por diseño, mientras que la visión va más allá de lo físico y natural. La visión toma en cuenta tu capacidad para reflexionar sobre el futuro y progresa con imaginación o comprensión. La visión encapsula tres dimensiones: pasado, presente y futuro. Las experiencias del pasado y el conocimiento del presente se coordinan en planes futuros y cursos fletados. Los tres son de vital importancia.

Nelson Mandela dijo: "No hay pasión por ser pequeño, conformarse con una vida que es menos de la que uno es capaz de vivir". Vivir una vida que sea inferior a su máximo no requiere esfuerzo, y se logra fácilmente abandonando la visión y enfocándose en la vista. *La visión ve más allá de la vista.* La visión recorre las calles de los terrenos donde la vista no ha podido ver. Por lo tanto, la visión es superior a la vista.

El héroe nacional de Jamaica, el fallecido Marcus Garvey dijo: "Una gente sin el conocimiento de su historia pasada, origen y cultura es como un árbol sin raíces". Para navegar de manera efectiva en la riqueza del futuro, debe uno tener un conocimiento íntimo de dónde viene. Tenemos una tendencia a ser selectivos en nuestros recuerdos pasados, eligiendo recordar y resaltar los relances mientras desechamos los negativos. Sin embargo, a medida que renovamos nuestras mentes para acumular verdaderamente la riqueza del pasado, que se utilizará en nuestras visiones para el mañana, debemos apreciar y aprender de ambos frentes: negativos y positivos. Estas son nuestras experiencias.

Renovar su mente es rechazar ideologías mundanas, dogmas y sistemas de creencias y sincronizar su mente con la voluntad completa de Dios. A medida que avanzamos en este camino de la vida, nuestra cosmovisión personal continúa evolucionando a medida que se agregan nuevas experiencias. Uno de mis profesores en el Seminario Teológico de Jamaica dijo una vez en clase: "el hombre que va al río no es la misma persona que sale". A lo que el aludió fue a la experiencia del hombre. Tenía nuevos conocimientos que ahora se agregaron a su diccionario de experiencias anteriores. Estamos cambiando constantemente a medida que experimentamos con la vida en su dolor y su gloria. Hay un error repetido de las personas que permanecen en sus experiencias pasadas y pierden las posibilidades presentes y futuras.

Thomas Jefferson dijo: "Me gustan los sueños del futuro mejor que la historia del pasado". Mientras aceptamos y aprendemos de los éxitos y fracasos del pasado, nunca debemos residir en el lugar de la memoria. Los sueños del futuro son las visiones de nuestro mañana, esperando ser descubiertos y disfrutados. Abrazo completamente la posición de Jefferson. El pasado ya está hecho y el futuro está equipado con un sinfín de posibilidades, esperando ser imaginadas y perseguidas con toda diligencia. El futuro es como páginas en blanco preparadas para ser rellenadas con párrafos y capítulos.

El deseo de muchos de separar el pasado, el presente y el futuro no es completamente posible porque hay continuidad en nuestras vidas. A medida que renovamos nuestras mente debemos ser conscientes de esta realidad: estamos *coexistiendo en el presente y el futuro simultáneamente.*

Lo que estamos viviendo hoy son en realidad las elecciones de ayer, y lo que viviremos en nuestro mañana son las elecciones que hacemos hoy. Con ese entendimiento, cada humano debe ser tanto un plantador como un segador. Se remonta a la agricultura básica como se encuentra en el libro de Eclesiastés.

Para todo hay una estación y un tiempo para cada propósito bajo el cielo: un tiempo para nacer, un tiempo para morir; tiempo de plantar y tiempo de arrancar lo plantado; tiempo de matar y tiempo de curar; un tiempo para derrumbarse y un tiempo para acumularse; tiempo de llorar y tiempo de reír; tiempo de llorar y tiempo de bailar; tiempo de arrojar piedras, y tiempo de juntar piedras; un tiempo para abrazar y un tiempo para abstenerse de abrazar; tiempo de conseguir y tiempo de perder; tiempo de guardar y tiempo de desechar; tiempo de rasgar y tiempo de coser; tiempo de callar y tiempo de hablar; tiempo de amar y tiempo de odiar; tiempo de guerra y tiempo de paz (Eclesiastés 3: 1-8).

La temporada para asegurar lo que se cosecha mañana es hoy. Esto nos lleva de vuelta a la visión. Escuche lo que dice la Biblia en Proverbios 29: 18a; "Donde no hay visión, la gente perece". Mientras vivimos en el ahora, debemos comenzar a imaginar el futuro y comenzar su creación. Algunas personas se han enamorado de hacer un tablero de visión. Esto varía en términos de años y se combina con sus objetivos y el marco de tiempo esperado para el logro. Luego deciden estratégicamente cómo harán de esto su realidad. Esta es una inversión táctica futurista. Tonto es el hombre que espera la marea del viento para llevarlo donde le plazca. En cambio, debemos dictar cómo se desarrolla el asunto.

Todos hemos cometido errores y desperdiciado años preciosos. Sin embargo, si no hacemos los ajustes o cambios necesarios, estaremos atrapados en un ciclo repetido. No es suficiente tener vista, la visión es fundamental. Seamos conscientes de que las personas con vista pero sin visión, perecen. El agricultor entiende que si hoy se come todo el maíz, no tendrá nada que plantar. Esto suena simple, pero como cosechamos hoy nuestra cosecha plantada ayer, debemos reservar una porción para plantar para la cosecha de mañana.

Una gran historia que captura la cruda verdad de vivir mañana hoy, es el relato de José en el libro de Génesis. El faraón tuvo un sueño que José interpretó en el sentido de que habría siete años de abundancia y luego siete años de falta. José informó que durante los años de abundancia, habrá almacenamiento de los cultivos en previsión de los años de falta. Esto se hizo, y la nación de Egipto tuvo suficiente y en exceso durante los años de falta. Las comunidades vecinas que no se prepararon para los siete años de hambre debido a la falta de visión tuvieron que depender de los suministros de Egipto. No quieres convertirte en la víctima de vivir solo en el ahora. Mientras disfruta de las bendiciones del ahora, asegure las bendiciones del mañana. Sé muy consciente de que estás coexistiendo en el presente y el futuro.

CLAVES DE RENOVACION MENTAL

En este capítulo, "Coexistiendo en el presente y el futuro", hemos compartido algunas claves de

Renovación Mental para ayudarlo a convertirse en una mejor persona. Aquí hay un resumen de estas claves que puede aplicar a su vida diariamente o según surjan las circunstancias. Lee y medita en ellos. Ora y declara sobre tu vida y camina en la victoria que Dios ha preparado para ti.

1. No todos tienen el mismo cielo.
2. La extensión del cielo de un hombre nunca superará las restricciones de su sistema de creencias.
3. Renovar tu mente es rechazar ideologías mundanas, dogmas y sistemas de creencias y sincronizar tu mente con la voluntad completa de Dios.
4. Lo que estamos viviendo hoy son en realidad las elecciones del ayer, y lo que viviremos en nuestro mañana son las elecciones que hac emos hoy.
5. A medida que avanzamos en este camino de la vida, nuestra cosmovisión personal continuará evolucionando a medida que se agreguen nuevas experiencias.
6. La temporada para asegurar lo que se cosecha mañana es ahora.
7. Tonto es el hombre que espera la marea del viento para llevarlo a donde le plazca. Tu dictas cómo se desarrolla el asunto.

CAPÍTULO 2:
LA SEMILLA DE LA PALABRA

"El futuro está dentro de la semilla".
—Apóstol Joshua Selman

Hay una efectiva herramienta futurista de inversión que todavía tenemos que comprender por completo: *la palabra hablada*. Jesús nos mostró varios ejemplos mientras vivía esta verdad. Examinemos brevemente algunos.

Porque él enseñó a sus discípulos y les dijo: el Hijo del hombre va a ser entregado en manos de los hombres, y ellos lo matarán, y después de eso, resucitará al tercer día (Marcos 9:31).

Jesús hizo algo aquí que fácilmente se nos pasa. Él pronunció una declaración profética: "Voy a morir, pero al tercer día, me levantaré". Ahora, esta es una inversión futurista audaz y seria. Jesús nos demostró el poder de orquestar el futuro mientras todavía vivimos en el presente. Sus palabras decidieron la cadena de eventos que experienciaría en el futuro cercano. Él dictó la orden: asesinado y luego resucitado.

Cuando estudié en el Seminario Teológico de Jamaica, una de mis tareas fue completar un genograma familiar. Esto fue hecho dolorosamente. Las disfunciones destacadas de la tarea ahora se están utilizando como pautas para hacer declaraciones futuristas sólidas. No se debe permitir que los viejos patrones continúen en la próxima generación. Mientras meditaba sobre esto, una pregunta iluminó mi mente que me hizo comenzar inversiones futuristas en la vida de mis hijos. Se casarán antes de tener hijos. La pobreza no será su porción y la mejor educación disponible no será un deseo distante. Sus vidas serán vividas según la voluntad de Dios. Escuche lo que Dios, el Padre dijo en Isaías 55:11:

> Así será mi palabra que saldrá de mi boca: no me volverá vacía, sino que cumplirá lo que me plazca, y prosperará en lo que lo envié (Isaías 55:11).

Ahora, Jesús es Dios en forma humana, por lo tanto, lo mismo ocurre con él. Sus palabras no pueden volver a Él vacío. Él dijo, al tercer día me levantaré. Jesús tomó la decisión de enviar Su Palabra antes que

Él por el tiempo. Entonces, antes de morir, la Palabra ya fue creada y puesta en marcha: resurrección al tercer día. Antes de que Jesús fuera crucificado, sus palabras declaradas ya pusieron en práctica todo lo que se necesitaba para el cumplimiento de lo enunciado. Por lo tanto, debemos ser siempre consciente de que no solo estámos pronunciando palabras, sino que estamos poniendo cosas en movimiento en el reino espiritual, los materiales necesarios para lograr la realidad deseada. Esto hace que sea imperativo que Tu elijes sabiamente lo que se le permite salir de su boca. Jesús dijo: "No es lo que entra en la boca lo que lo contamina, sino lo que sale" (Mateo 15:11). Comprende que tus palabras son tan poderosas que pueden contaminar (estropear) tu futuro.

Jesús le dijo a Pedro: "Jesús le dijo: De cierto te digo que esta noche, antes que cante el gallo, me negarás tres veces". (Lucas 22:34) Pero la parte que amo es cuando dijo: "Cuando te hayas convertido, fortalece a los hermanos" (Lucas 22:32). Jesús en esa declaración declaró su negación y su nuevo compromiso. En otras palabras, estoy poniendo en movimiento las necesidades que te impedirán permanecer en tu pecado. Antes de que hagas tontamente, seguí adelante y preparé tu perdón y aceptación. Jesús le reveló a Pedro el conocimiento del futuro cercano y el no tan cercano. El poder de la palabra hablada es tal que, incluso con el conocimiento del futuro, Pedro no pudo evitar negar a Jesús. La alteración del futuro no estaba permitida. Mira esto:

Ahora, al día siguiente que siguió al día de la preparación, los principales sacerdotes y fariseos se reunieron con Pilato, diciendo: 'Señor, recordamos que ese engañador dijo, cuando aún estaba vivo, después de tres días resucitaré. Ordena, por lo tanto, que se asegure el sepulcro hasta el tercer día, para que sus discípulos no vengan de noche y lo roben, y digan al pueblo: Ha resucitado de entre los muertos: así que el último error será peor que el primero. Pilato les dijo: "Tenéis soldados de guardia: ve, asegúrate de que puedas". Entonces ellos fueron y aseguraron el sepulcro, sellando la piedra y poniendo soldados de guardia (Mateo 27: 62-66).

Aquí está la guerra. Jesús pronunció las palabras de que resucitará al tercer día. Entiende que las palabras que dices han invitado a una guerra. Pero es una guerra que sus expresiones divinas no pueden perder. La victoria es segura. Todos los elementos negativos disponibles se liberan contra las declaraciones proféticas sobre ti. Pero las palabras de Dios están luchando activamente. Al asociarse con Dios y repetir estas palabras, actúan como refuerzos. Un error común es renunciar cuando los negativos se magnifican, haciendo que la verdad parezca lejana y distante. Pero ese es el enemigo trabajando horas extras para que dudes y murmures. Se debe emplear plena confianza en la Palabra de Dios. Ven conmigo a Mateo 8: 8-13.

El centurión respondió y dijo: 'Señor, no soy digno de que entres bajo mi techo; solo di la palabra y mi criado sanará. Porque soy un hombre bajo autoridad, con soldados debajo de mí; y le digo a este hombre: Ve, y él va; y a otro, ven, y él viene; y a mi siervo: Haz esto, y él lo hace. "Cuando Jesús lo escuchó, se maravilló y les dijo a los que lo seguían:" De cierto os digo que no he encontrado una fe tan grande, no, no en Israel. 'Y Jesús dijo al centurión:' Vete; y como creíste, así se haga contigo. Y su criado fue sanado en la misma hora (Mateo 8: 8-13).

Jesús no fue, envió sus palabras. Esta es una información crítica. ¿Por qué? Según Juan 1, la palabra es Jesús. Por lo tanto, la palabra y Jesús son lo mismo. Entonces, cuando Jesús envía su palabra, es tan bueno como si Jesús estuviera presente.

¿Qué sabemos sobre la palabra? La palabra conoce tu ubicación. La palabra está equipada con todo lo que se necesita para asegurar su recuperación / victoria / cambio. Les ruego, hermanos, por la misericordia de Dios, que comencemos a crear nuestro futuro mientras hablamos en el presente. A medida que renovamos nuestras mentes e invertimos en nuestro futuro, asegurémonos de que nuestras palabras y acciones estén sincronizadas. Practica lo que predicas y declaras. Si declaras que eres más que un conquistador, entonces debes vivir como tal. Este no era un concepto nuevo que Jesús había acuñado, existía mucho antes de que Él entrara físicamente en la escena. El rey David nos dio una hermosa demostración en 1 Samuel 17: 45-47.

Entonces dijo David al filisteo: Tú vienes a mí con una

espada, una lanza y un escudo; pero yo vine a ti en el nombre del Señor de los ejércitos, el Dios de los ejércitos de Israel, a quien tienes desafiado Este día el Señor te entregará en mi mano, y yo te heriré, y tomaré tu cabeza de ti, y hoy daré los cadáveres del ejército de los filisteos a las aves del cielo y a las bestias salvajes. de la tierra; para que toda la tierra sepa que hay un Dios en Israel. Y toda esta asamblea sabrá que el Señor no salva con espada y lanza: porque la batalla es del Señor, y él te entregará en nuestras manos (1 Samuel 17: 45-47).

Permítanme parafrasear lo que dijo David: "Vengo a ti en el nombre del Señor de los ejércitos, y en caso de que no sepas quién es, Él es el Dios del ejército de Israel". David reconoció y declaró en quién residían su fuerza y su victoria. Lo que hizo, en esencia, fue entregar la batalla a Dios. Luego profetizó tres cosas:

1. Te heriré.
2. Quitaré tu cabeza de ti.
3. Entregue sus cadáveres a las aves del aire ya una bestia salvaje. (David volvió a la declaración). Cuando todo esto se haga, Dios se dará a conocer. No yo, David, sino Dios.

Lo que hizo David fue enviar sus palabras en el nombre del Señor, a su futuro inmediato, para poner en marcha y crear la victoria necesaria. A medida que renovamos nuestras mentes, debemos abstenernos de ser solo pasivos. Hay un momento y lugar para plantar semillas de palabras futuristas agresivas. A medida que sembramos nuestro futuro, debemos entender que las diferentes semillas tienen un marco de tiempo diferente antes de que se realice la cosecha. El *Callaloo* es conocido como un cultivo comercial porque lleva seis semanas después de la siembra para ser cosechado, mientras que el bambú chino tarda cinco años antes de que se vea algo brotando del suelo.

Dependiendo de la situación en el presente, debes elegir sabiamente qué semilla plantarás. La sabiduría te guía a no plantar una semilla inoportuna. En tiempos de crisis, una semilla agresiva y rápida es lo que debe implementar. Presta atención. David no fue con sus propias fuerzas, sino en el nombre del Señor. Debes imitar a David, declarar en nombre de quién es tu victoria y profetizar el resultado y luego avanzar. Para no perderte, veamos 1 Samuel 17:48:

> Y aconteció que cuando se levantó el filisteo, y se acercó para encontrarse con David, David se apresuró y corrió hacia el ejército para encontrarse con el filisteo (1 Samuel 17:48).

David se asoció con su futuro declarado. Corrió hacia el cambio que profetizó. Algunos han estado declarando, profetizando pero sin asociarse con su futuro profetizado. Habiendo profetizado su temporada de matrimonio, ahora es el momento de asociarse. Puede asociarse haciendo lo siguiente:

1. Invierta en ser el tipo de pareja que la Biblia dice que su esposo / esposa merece.
2. Comience a limpiar la basura de su armario emocional y psicológico.
3. Obtenga asesoramiento para todos los problemas no resueltos.
4. Examine el estado financiero y repare donde sea necesario.
5. Haz una lista de las cualidades que deseas en tu futuro esposo / esposa y ora por ellas.
6. Asista a seminarios y conferencias matrimoniales, compre libros sobre intimidad.
7. Haga su lista de bodas y haga posible un tema de color después de ver muchos.

Si desea poseer y operar su propio vehículo motorizado, debe aprender a conducir. Obtenga su licencia de conducir. Tu crees que Dios te ha llamado a viajar por el mundo en el ministerio, mientras espera la liberación, obtiene su pasaporte y solicita visas a las embajadas.

Mira su actitud! Corrió hacia el gigante. A medida que renovamos nuestras mentes, nuestra actitud también debe transformarse, lo que puede significar estar en un lugar diferente de la multitud que te rodea. Antes de la llegada de David, los soldados del ejército de Israel huyeron de Goliat, pero David tenía una mentalidad renovada que lo impulsó a correr hacia el enemigo. Físicamente estaban en la misma ubicación geográfica, pero la percepción lo transportó más allá de su derrota a la victoria. Los soldados vieron a un poderoso hombre de guerra, David imaginó a un filisteo incircunciso muerto y sin cabeza. Al igual que David, tu victoria comienza en tu percepción y debe manifestarse en actitud y acciones.

¡David era un hombre de palabra! Esta es un área en la que necesitamos pasar tiempo de calidad desarrollando. Dejando que nuestras palabras sean nuestro vínculo. Hizo tres promesas a su enemigo / situación y cumplió con sus palabras como vemos en 1 Samuel 17:51: Por lo tanto, David corrió, se puso de pie sobre el filisteo, y tomó su espada, la sacó de la vaina y la mató, y le cortó la cabeza con ella (1 Samuel 17:51). Cumplió su promesa a un enemigo muerto. Este es un excelente ejemplo de vivir lo que predicas. Hay riqueza no realizada en las declaraciones y acciones de David. Le dijo al enemigo: "Te voy a cortar la cabeza", sin tener una espada para él. David nos enseñó una poderosa lección. No todo lo que necesitará para lograr lo que desea, necesariamente debe ser de su propiedad. La locura es la creencia de que cualquier persona es autosuficiente. David le dijo a Goliat, para que yo pueda cumplir mi promesa, usaré sus propios recursos. No estarás en condiciones de evitarme, así que solo te lo hago saber.

Esto enfatiza la necesidad de asociación. A medida que renovamos nuestras mentes diariamente, debemos hacer un balance de lo que está disponible para nosotros de los secretos de nuestros enemigos y utilizarlos para nuestro beneficio. No tiene sentido recrear la rueda. Las Escrituras lo expresan amablemente, "y la riqueza

del pecador está reservada para los justos" (Proverbios 13:22). Vemos la misma espada que se le dio a David cuando huyó de Saúl que deseaba matarlo.
Y David dijo a Ahimelec: ¿Y no hay aquí debajo de tu mano lanza o espada? porque no he traído mi espada ni mis armas conmigo, porque los asuntos del rey requerían prisa. Y el sacerdote dijo: La espada de Goliat el filisteo, a quien mataste en el valle de Ela, he aquí, está aquí envuelta en una tela detrás del efod: si quieres tomar eso, tómalo, porque no hay otro salvo aquí. Y David dijo: No hay nada así. dámela (1 Samuel 21: 8-9).

La preciada espada de Goliat esperaba a David. Lo tomó una vez, pero ahora se lo dio. Dijo que no hay ninguno igual. Esta no era una espada ordinaria, estaba diseñada para un campeón. Hay una lucha constante para descarrilarnos de nuestras tareas. ¡Sé resuelto! Muchas personas buscan una palabra de Dios. Tengo una pregunta para ti. ¿Qué has hecho con las últimas palabras que recibiste de Dios? Es hora de dejar de dejar que el viento nos lleve. Este es más que un buen momento para bailar y cantar.

Deja que tus palabras sean un arma ofensiva que funcione en una capacidad tridimensional. Cortan, limpian y plantan. Visualice una parcela de tierra cubierta de vegetación, siendo atacado por sus palabras. Primero se cortan los arbustos, se limpian los escombros y luego se siembran las semillas de los resultados deseados. Tus palabras son tan poderosas que atraen enemigos. Observe que cuando se lanza una Palabra profética, comienza una lucha contraria. Tu dices: "Dios, estaba bien hasta las declaraciones proféticas". Esto se debe a que hay una guerra en persecución con el propósito de cancelar el efecto de lo que se declaró. Para David, su terreno cubierto de maleza era Goliat. Debes identificar tu Goliat y liberar tus palabras para cortar, limpiar y plantar.

Aprendamos de todo esto, la importancia de las elecciones que hacemos. Diariamente tiene la responsabilidad de sembrar semillas de palabras en detrimento o éxito. Recuerde, está viviendo hoy las elecciones de ayer, y mañana vivirá las decisiones de hoy. Sé consciente de que tus semillas de palabras de hoy afectan tu mañana.

CLAVES DE RENOVACION MENTAL

En este capítulo sobre "La semilla de la palabra", hemos compartido algunas claves de Renovación mental para ayudarlo a convertirse en una mejor persona. Aquí hay un resumen de estas claves que puede aplicar a su vida diariamente o según surjan las circunstancias. Lee y medita en ellos. Ora y declara sobre tu vida caminar en la victoria que Dios ha preparado para ti.

1. Elija sabiamente lo que se le permite salir de su boca.
2. Comprende que tus palabras son tan poderosas que pueden contaminar (estropear) tu futuro.
3. La palabra está equipada con todo lo que se necesita para asegurar su recuperación / victoria / cambio.
4. Debe abstenerse de ser solo pasivo. Hay un momento y lugar para plantar semillas de palabras futuristas agresivas.
5. Al sembrar en su futuro, debe comprender que las diferentes semillas tienen un marco de tiempo diferente antes de que se realice la cosecha.
6. Tu actitud también debe ser transformada, lo que puede significar estar en un lugar diferente de la multitud que te rodea.
7. Deja que tus palabras sean tu vínculo.
8. No todo lo que necesitará para lograr lo que desea, necesariamente debe ser de su propiedad.
9. Haz un balance de lo que tienes disponible de los secretos de tus enemigos y utilízalos para tu ventaja.
10. Debes identificar tu Goliat y liberar tus palabras para cortar, limpiar y plantar.

CAPÍTULO 3
ORAR VS. MANDAR

"La ignorancia y aplicación incorrecta lo harán morir de sed, aunque el suministro de agua sea abundante".
—Leostone Morrison

Tanto la oración como el mando implican la palabra hablada. La diferencia es el orden y el tono en que se entregan y la dirección a la que procede. Las oraciones se dirigen a Dios mientras que los comandos se realizan hacia donde se requiere el cambio o la obediencia. Dios nos ordena a orar y mandar. La oración es pedir que Dios actúe en su nombre mientras que el comando actúa en su nombre en base a los mandamientos / autoridad de Dios. Si bien la oración se puede hacer internamente (dentro de su mente, espíritu), el comando debe ser externo (pronunciado o dirigido físicamente).

Escuche esta poderosa verdad mientras renovamos

nuestras mentes: no siempre debemos orar. Hay momentos en que lo que se requiere es el acto de comando. En Juan 11: 41-42, Jesús oró a Dios el Padre. Jesús no tuvo dudas de que el Padre lo escuchó. Él confiaba en esa verdad, así que agradeció a su Padre por escucharlo siempre. En la oración, debes adoptar ese principio, Dios te escucha siempre. No está sordo, dormido ni demasiado ocupado. Jesús expresó los beneficios de la oración en Juan 14:13, "Y todo lo que pidáis en mi nombre, eso haré, para que el Padre sea glorificado en el Hijo". Por lo tanto, obtener una respuesta de Él no se debe a tu silencio o gritos, sino a tu solicitud con fe.

En Juan 11:43, Jesús dijo "Lázaro, sal de ahí". Eso no fue una oración sino una orden. Jesús no oró al Padre para que enviara a Lázaro. Él le ordenó al muerto Lázaro que saliera. ¿Es remotamente posible que no hayas visto oraciones contestadas porque oraste en lugar de mandar? Job 22:28 dice: "También decretarás una cosa, y te será establecida". En la era bíblica, cada vez que un rey decreta algo se convierte en vida. Debe llevarse a cabo y este es el privilegio porque nosotros que hemos sido adoptados en el parentesco del Rey de Reyes.

Cada vez que ordenas una palabra, debes verla cobrar vida. Romanos 4:17 dice: "llama a las cosas que no son como si fueran". Esto es ejercitar el elemento de la fe. Orar o mandar sin fe no dará ningún resultado favorable. El Dios al que sirves habla y cuando habla, los elementos dan paso a la creación. En el relato de la creación de Génesis, habló y todo surgió. Muchas veces no conocemos el poder que reside en nuestra lengua y cometemos el error de hablar de muerte en lugar de vida. Tenemos una lengua creativa que puede crear vida o matarla. Cualquier cosa que enviemos en la atmósfera tomará forma después de un tiempo.

Y cuando Jesús entró en Capernaum, vino a él un centurión, suplicándole, y diciendo: Señor, mi siervo está en casa enfermo de parálisis, gravemente atormentado. Y Jesús le dijo: Vendré y lo sanaré. El centurión respondió y dijo: Señor, no soy digno de que entres bajo mi techo; solo di la palabra y mi criado sanará. Porque soy un hombre bajo autoridad, con soldados debajo de mí; y le digo a este hombre: Ve, y él va; y a otro, ven, y él viene; y a mi criado, haz esto, y él lo hace. Cuando Jesús lo escuchó, se maravilló y les dijo a los que seguían: De cierto os digo que no he encontrado una fe tan grande, no, no en Israel. Y Jesús dijo al centurión: Vete; y como creíste, así te sea hecho. Y su siervo fue sanado en la misma hora (Mateo 8: 5-10,13).

Un centurión es el comandante de un siglo (100 hombres) soldados en el antiguo ejército romano.

Lo que maravilló a Jesús fue la fe del hombre. ¿Dónde demostró su fe? Estaba en su comprensión de la autoridad. Siendo un militar, entendió que aquellos que están bajo su autoridad deben obedecer su orden. Esto se lo expresó a Jesús. No le pedirá a nadie que vaya o venga, sino que les ordena que vayan o vengan. El centurión se aprovechó el reino y hizo que Jesús se maravillara. Aprovechó quién era Jesús. Obtuvo la revelación de que Jesús estaba por encima (tiene autoridad sobre) toda enfermedad y geografía.

Jesús teniendo autoridad sobre la geografía no necesitaba estar en el mismo lugar, porque todo el espacio es uno para Él. Por lo tanto, el centurión dijo: "No es necesario que vengas a mi casa, solo di la palabra". La palabra hablada bajo la autoridad de Jesús está equipada con un sistema de navegación preciso. Sabe dónde ubicarte. El centurión también entendió que las palabras de Jesús eran una réplica de sí mismo. Si se envía la palabra, se envía a Jesús. Jesús y sus palabras son uno.

¿Qué significa esto para nosotros como hijos del Rey? Lucas 10:19 dice: "He aquí, te doy poder para pisar serpientes y escorpiones, y sobre todo el poder del enemigo: y nada te hará daño". Luego, en Marcos 16, Jesús les dijo a los discípulos que les había dado autoridad en su nombre. A medida que renovamos nuestras mentes, se sabe que Jesús no hará por ti lo que te ha dado la autoridad para hacer. Tienes autoridad para expulsar demonios, sanar a los enfermos y hablar en nuevas lenguas y beber veneno mortal sin ser herido. Deja de orar pidiéndole a Jesús que saque a los espíritus malignos de tu casa. Usa la autoridad y el mandato que Dios te dio en el nombre de Jesús.

Cuando asistí a la Escuela Bíblica Internacional de Misiones Aceleradas, presencié un encuentro donde se demostró el poder del mando. La clase había terminado, pero no pudimos llegar al estacionamiento debido a una fuerte lluvia. Una maestra, la profeta Stamp, se paró en la puerta, levantó las manos hacia el cielo y ordenó que cesara la lluvia e instantáneamente la lluvia se detuvo. A principios de noviembre del 2018, la iglesia planeó hacer una caminata de oración comunitaria, luego vino una lluvia. Me acordé de ordenar y ejercer mi fe y las nubes obedecieron mi orden. Renueve su mente usando su autoridad dada por Dios para mandar. Eres una persona de autoridad, deja de actuar como un debilucho.

Tome autoridad sobre sus finanzas, salud, hogar y la atmósfera. Escuche lo que nos dice Filipenses en el capítulo 2:10: "Por lo cual Dios también lo exaltó mucho, y le dio un nombre que está por encima de cada nombre: que en el nombre de Jesús se doble toda rodilla, de las cosas en el cielo y de las cosas en la tierra y las cosas debajo de la tierra ..." Mira que los mismos sentimientos que se le hicieron eco a Pedro cuando Jesús lo alentó a no limitarse a operar solo en el ámbito físico. "Y te daré las llaves del reino de los cielos; y todo lo que ates en la tierra quedará atado en los cielos; y todo lo que desates en la tierra quedará desatado en los cielos" (Mateo 16:19).

Renueva tu mente con esto; Cuando Jesús dijo que nos había dado autoridad en su nombre, no se nos dio poder limitado. Nuestra autoridad trasciende los cielos, la tierra y debajo de la tierra. Ordenamos nuestra victoria en cada campo de batalla. No se espera que pierdas algo y ganes algo.

Y cuando vio una higuera en el camino, se acercó a ella y no encontró nada al respecto, solo se fue y le dijo: No dejes que crezca fruto en ti de aquí en adelante para siempre. Y ahora la higuera se marchitó. Y cuando los discípulos lo vieron, se maravillaron, diciendo: ¡Cuán pronto se marchita la higuera! Respondió Jesús y les dijo: De cierto os digo que si tenéis fe y no dudais, no solo haréis lo que se hace a la higuera, sino también si decís a este monte: Sé removido, y serás arrojado al mar; se hará (Mateo 21: 19-21).

Las higueras tardan entre 2 y 5 años antes de ser lo suficientemente maduras como para producir higos. ¿Porque es esto importante? Hay situaciones que han estado funcionando durante años y es hora de que ordenemos en el nombre de Jesucristo, que se sequen desde la raíz. Deja de orar por eso, ordena que cese.

    Jesús se maravilló cuando el centurión le dijo que ordenara la curación de su siervo enfermo. Ahora los discípulos se maravillan de la orden de Jesús y el efecto de esa orden en la higuera. Jesús ordenó al árbol que muriera. En otra ocasión, Jesús ordenó que el viento y las olas permanecieran quietos. ¿El viento, el mar y los árboles tienen orejas?

    Recuerda la historia de Lázaro mencionada anteriormente. Presta atención, Jesús no dijo que cobre vida, lo llamó de la tumba. Jesús dijo: "Lázaro, ven fuera". Tras el anuncio de su nombre, el que estaba muerto respondió y luego salió. Jesús dijo salir sin ver si Lázaro había respondido a su nombre. Esa es la confianza en la autoridad y el poder de uno. No puede ordenar con dudas ni puede esperar para ver el paso uno completado antes de ordenar el paso dos. Manda y cree por fe que ya está hecho.

    Teniendo la misma autoridad que Jesús, debes entender que vives en el reino físico y que tienes la autoridad y el poder para afectar el reino espiritual. Tus comandos trascienden los reinos. Recuerda lo que dijo

Jesús, si tienes una fe tan pequeña como una semilla de mostaza, no solo hablarás con higueras sino también con montañas. Una orden sin fe es locura. La fe debe ser el motor. Esa es la fuerza impulsora que pone en movimiento las cosas por las que oró o mandó. Recuerde que sin fe es imposible agradar a Dios.

Hay una diferencia entre autoridad y poder. En el gobierno, el término autoridad a menudo se usa indistintamente con el poder. Sin embargo, sus significados difieren. Si bien el poder se define como "la capacidad de influir en alguien para que haga algo que él / ella no habría hecho" (*Black's Law Dictionary*, Torts; Prosser, Wade y Schwartz's, 12 Ed), la autoridad es el derecho legal y formal de dar órdenes y comandos, y tomar decisiones (Key Differences, 2016). Al sincronizar su mente con la voluntad completa de Dios, abrace esta verdad: se le ha confiado tanto el poder como la autoridad legal para utilizar ese poder. Este poder y autoridad deben demostrarse mediante la oración y el mando.

Se le han dado las herramientas necesarias para orar y ordenar que se usen para asegurar la victoria ya ganada. Sin embargo, la ignorancia y la aplicación incorrecta lo harán morir de sed, aunque el suministro de agua es abundante. Algunas cosas que pides, otras que mandas. Le pedirás a Dios que conozca su voluntad, o la interpretación de un sueño, pero mandas a los demonios y a las enfermedades fuera y fuera.

Hace algunos años, asistí a una reunión de oración durante toda la noche en una iglesia. Al llegar, escuché al Espíritu Santo decir: "Observa". Durante la sesión, los espíritus malignos se manifestaron dentro de un hombre joven, lo que lo hizo actuar y hablar sin sentido. Los líderes de la reunión, lo ungieron con aceite, oraron y cantaron canciones de curación y liberación, pero fue en vano. Esto se prolongó dolorosamente hasta que se dio una orden a los espíritus malignos en el nombre de Jesucristo.

Muchas personas están esperando una respuesta a las oraciones sinceras, y Dios está esperando que utilicen lo que les ha otorgado. Por lo tanto, deja de esperar que Jesús haga por ti lo que Él ya te ha dado la autoridad para hacer. Él nunca dijo que si tienes fe de semilla de mostaza Él moverá tus montañas, pero si la tienes, las moverás. Renovar su mente a la voluntad de Dios debe empujarlo a desarrollar dos culturas esenciales: orar y mandar. Estos deberían convertirse en tu nuevo estilo de vida. Descifra, por favor, cuando es tiempo de oración versus tiempo de mando. Tu victoria te espera.

CLAVES DE RENOVACION MENTAL

En este capítulo sobre "Comando vs. Orar", hemos compartido algunas claves de Renovación Mental para ayudarlo a convertirse en una mejor persona. Aquí hay un resumen de estas claves que puede aplicar a su vida diariamente o según surjan las circunstancias. Lee y medita en ellos. Ora y declara sobre tu vida caminar en la Victoria que Dios ha preparado para ti.

1. Cuando Jesús dijo que nos había dado autoridad en su nombre, no se nos dio poder limitado. Nuestra autoridad trasciende los cielos, la tierra y debajo de la tierra.
2. Use su autoridad dada por Dios para mandar. Eres una persona de autoridad.
3. La palabra hablada bajo la autoridad de Jesús está equipada con un sistema de navegación preciso. Sabe dónde ubicarte.
4. Jesús no hará por ti lo que te ha dado la autoridad para hacer.
5. Una orden sin fe es locura. No esperes a ver cumplido el paso uno antes de ordenar el paso dos.

CAPÍTULO 4:
LA PALABRA PROMETIDA

"Use la promesa de Dios como su cojín y almohada durante los períodos intermedios".

—Leostone Morrison

Perdí a un querido amigo mío porque hice una promesa y no la cumplí. En ese momento, no podía entender por qué estaba tan lastimada por no cumplir la pequeña promesa que hice. Le dije que la volvería a llamar y no lo hice. Cuando los hijos de Israel salieron de Egipto, Dios prometió darles tierras para ellos. Moisés envió doce (12) espías para buscar en la tierra, diez (10) regresaron con malos informes, pero Caleb y Joshua tuvieron buenos informes. El énfasis aquí está en Caleb.

Y el Señor escuchó la voz de tus palabras, y se encolerizó y juraba, diciendo: Ciertamente ninguno de estos hombres de esta generación malvada verá esa buena tierra, la cual juro dar a tus padres, salvo Caleb, hijo de Jefone; él lo verá, y a él le daré la tierra que él pisó, y a sus hijos, porque él ha seguido completamente al Señor (Deuteronomio 1: 34-36).

Caleb tenía una promesa. Él cruzaría a la Tierra Prometida, la misma tierra por la que caminó y espió le sería entregada.

De acuerdo con el diccionario Merriam Webster, una promesa es "una declaración legalmente vinculante que otorga a la persona a quien se le tiene derecho a esperar o reclamar el desempeño o la tolerancia de un acto específico". Caleb cumplió esta promesa y cuarenta y cinco años después, fue a Joshua a reclamar su herencia.

Y Moisés juró ese día, diciendo: Ciertamente la tierra donde pisaron tus pies será tu heredad, y la de tus hijos para siempre, porque has seguido completamente al Señor mi Dios. Y ahora, he aquí, el Señor me ha mantenido vivo, como él dijo, estos cuarenta y cinco años, incluso desde que el Señor habló esta palabra a Moisés, mientras los hijos de Israel vagaban por el desierto: y ahora, he aquí, yo soy esto día ochenta y cinco años. Todavía soy tan fuerte hoy como lo fue en el día que Moisés me envió: como era mi fuerza entonces, así es mi fuerza ahora, para la guerra, tanto para salir como para entrar. Ahora, por lo tanto, dame esto montaña, de la cual habló el Señor en aquel día; porque en aquel día oíste cómo estaban los anaceos allí, y que las ciudades eran grandes y valladas: si así fuera, el Señor estará conmigo, entonces yo podré expulsarlos, como dijo el Señor (Josué 14: 9 -12).

Caleb aprovechó un reino donde la palabra prometida se erige como la verdad establecida. Cuando se hizo esta promesa a Caleb, se plantó una semilla. Durante cuarenta y cinco años lo nutrió con fe y confianza sabiendo que una vez que Dios lo habla, eso es todo. Está resuelto. Escuche lo que dice Filipenses 1: 6, "confiando en esto mismo, que el que ha comenzado una buena obra en ti la realizará hasta el día de Jesucristo".

Este gran trabajo comenzó como una promesa. Caleb tenía todos los derechos legales y espirituales para reclamar su promesa. ¿Por qué? A medida que renovamos nuestras mentes, nos vemos obligados a reconocer que una promesa no son solo palabras, sino que dentro del reino espiritual, la tierra fue transferida. Cuando Caleb dijo: "Dame esta montaña que me prometieron", en esencia estaba diciendo: He tenido esta transferencia en el reino espiritual, ahora es el momento de que se manifieste en el reino físico. Tengo el hecho espiritual, ahora necesito el físico.

La propiedad no significa ocupación. Él era dueño de la tierra pero estaba ocupada por otra. Básicamente, estaban atendiendo a su tierra. Eran cuidadores. La triste verdad es que no lo sabían. Hay cierta riqueza que ha sido entregada a nuestro espíritu por el Espíritu Santo, y es hora de que nosotros, como Caleb, exijamos lo que es legítimamente nuestro.

Recordemos a David, fue ungido como Rey sobre

Israel pero Saúl permaneció en el trono. Saúl ocupó el trono y la posición de David durante veinte años después de su unción. La transferencia fue hecha. Dios había rechazado a Saúl pero aún le permitía trabajar. Una realidad miserable es que puedes participar en una tarea para la cual no tienes la unción. Esto da como resultado el trabajo y no el cumplimiento de su llamado. La vocación de un hombre no es una tarea, una tarea, sino su pasión y su vida. ¿Está viviendo o existiendo, está trabajando o cumpliendo?

Desafortunadamente, debido a que han pasado algunos años y no hemos visto el cumplimiento de esas promesas, las enterramos en el archivo misceláneo. Debes comenzar a vivir desde una mente renovada donde se adopta el principio de Dios. Dios dice que debemos "dejar que nuestro sí sea sí y que nuestros no sean" (Mateo 5:37). Con nuestras mentes renovadas, ahora estamos en asociación con el Espíritu Santo para recordar todas las verdades (promesas) ya establecidas que Dios nos ha hecho.

TRABAJA LA PROMESA

La mujer sunamita que no tenía hijos recibió una palabra profética de que daría a luz un hijo. Ella recibió la promesa y, a pesar de las probabilidades en contra de su esposo (él era viejo), entendió que él es el único ayudante de promesa que debe emplearse. En otras palabras, la promesa no le dio el derecho de salir del pacto porque el pacto tenía problemas. Los desafíos no son licencias para hacerlo a tu manera. El camino de Dios debe ser y seguir siendo el único.

Está en la búsqueda de hacerlo de la manera en que Dios encuentra el milagro mientras damos el paso. El período entre la promesa y la manifestación es crítico. Aquí es donde muchos sueños se abortan. Muchas personas se pierden en "El periodo Entre" porque intentan ayudar a Dios. Eso es evidencia de vacilar y dudar del Dios Todopoderoso. Una querida amiga mía vio visiones de sí misma haciendo ministerio. Enormes masas de personas la seguían, deseando escuchar la palabra de Dios. En su período Entre, se involucró con un chico. Dejó la fe y consiguió un bebé. Actualmente está encontrando el camino de regreso a casa.

¿Escuchaste la celebración? Nos regocijamos con el hermano y la hermana Brown en este su cuadragésimo aniversario de boda. La iglesia se regocijó y los Browns se abrazaron. Esa es la fecha de la boda: 40 aniversario. *El medio* no se habla. Los días de no hablar entre ellos, sin intimidad, engaños, niños externos, dinero gastado sin consentimiento, noches de ayuno, peleas con suegros. Y la lista continúa. Eso es lo que se llama "El periodo entre". La mujer sunamita quizás se preguntó:
¿Cómo me acerco a mi esposo? ¿Pensará que estoy tratando de humillarlo, conociendo sus limitaciones? ¿Le digo la palabra del hombre de Dios? Si lo hago, ¿se preguntará qué estaba haciendo en sus habitaciones o iré a él y confiaré en que Dios se saldrá con la suya? ¿Debo hacer mi mudanza temprano en la mañana después de que él despierte o en la noche después de que esté satisfecho con el trabajo del día? ¿Debo llamar

a algunos guerreros de oración para que me oren o debo sembrar semillas en el ministerio? Lo sé, olvida esto! El hombre de Dios tiene buenas intenciones pero está equivocado. Creo que vio a un bebé, pero es de Guiezi. Oh hombre de Dios debe estar cansado. ¿Cómo puedo hacer que su habitación sea más cómoda?

En lo anterior, los pensamientos comenzaron desde un lugar de esperanza, optimismo y cayeron en picado a un cambio, un cambio peligroso.

Renovemos nuestras mentes en esta dirección. La fuente conectada a su propósito fluirá nuevamente. Empuje a través de su "periodo Entre" Mantente en la voluntad de Dios. Llora si es necesario, grita si es necesario, pero no te comprometas a suicidarte. Da el paso RECHAZAR la tentación de abandonar la promesa de Dios. Deja que se convierta en tu recital diario. Pon lo que te ha prometido y di lo siguiente: "Sé cómo es la situación, pero Dios me lo prometió". Nunca pierdas la esperanza de la verdad de Dios. Use la promesa de Dios como su cojín y almohada durante los "períodos entre".

Hace años, mi madre se quedó sin dinero y ella iría a la parada de autobús sin tarifa de autobús. El Señor le hizo una promesa a través de un sueño. Se vio conduciendo un hermoso auto. Por supuesto, el Dios fiel cumplió su promesa. Después de quince (15) años, compró un encantador automóvil de siete plazas Silver Honda Stream. Durante el *período intermedio* aparentemente largo, aprendió a conducir, salvó y preparó su camino. Dios proveyó los medios para hacer que la promesa se cumpliera. Dios es nuestro socio principal.

CLAVES DE RENOVACION MENTAL

En este capítulo sobre "La palabra prometida", hemos compartido algunas claves de Renovación mental para ayudarlo a convertirse en una mejor persona. Aquí hay un resumen de estas claves que puede aplicar a su vida diariamente o según surjan las circunstancias. Lee y medita en ellos. Ora y declara sobre tu vida caminar en la victoria que Dios ha preparado para ti.

1. La palabra prometida es verdad establecida.
2. La asignación sin la unción es trabajo y no el cumplimiento del llamado de uno.
3. Los desafíos no son licencia para hacerlo a tu manera. El camino de Dios debe ser y seguir siendo el único. Es en la búsqueda de hacerlo de la manera en que Dios nos encontramos con el milagro mientras damos el paso.

4. La fuente conectada a su propósito fluirá nuevamente. Empuje a través de su "Entre".

CAPÍTULO 5:
GRANDES ESPÍRITUS Y MENTES MEDIOCRES

Los *grandes espíritus* siempre han encontrado una oposición violenta de *mentes mediocres*. No todo lo que se puede contar cuenta, y no todo lo que cuenta se puede contar. Todos son genios. Pero si juzgas a un pez por su habilidad para trepar a un árbol, vivirá toda su vida creyendo que es estúpido.

-Albert Einstein

La idea que "Los grandes espíritus siempre se han encontrado con la oposición violenta de las mentes mediocres" es muy estimulante y cierto. Una distinción entre una mente grande y una mediocre es su fuente de empoderamiento y dirección. L a Biblia nos dice: "Como un hombre piensa en su corazón, así es él" (Proverbios 23:7). Aquí yace el problema. No hemos estirado nuestras mentes para habitar frecuencias altas, sino que nos hemos asentado en terrenos bajos. Recientemente escaneé la radio en busca de canales, pero me decepcionó lo que ofrecía la frecuencia AM. Cambié a la frecuencia FM, lo que me proporcionó una mayor variedad. Nunca pisarás los caminos que tu mente no ha recorrido. Tu espíritu actúa como un precursor. Entra en el reino de los espíritus y navega más allá de los límites físicos a través del proceso de pensamiento. Las rutas que deben seguirse se exploran y deciden. Hay otra dimensión del precursor que se abordará en la sección que se ocupa de la visión y la vista.

En la construcción, cuanto más grande es el edificio, más profunda debe ser la base, y así es con la mente. Cuanto más profundos son los pensamientos ... mayores son las recompensas. Una mente mediocre es aquella que se ha asentado al negarse a expandir sus fronteras. En 2018, escuché a un orador invitado cuya dirección resaltó la mente del fundador. Él dijo: "El tamaño de su auditorio (100 plazas) expresa a dónde lo llevó su espíritu, mientras planificaba y ejecutaba su visión".

El viaje de tu espíritu determina la altura y la profundidad de tus expectativas. No se le permitió al fundador ir más allá de cien (100) asientos porque allí se detuvo su espíritu. Todos los asientos ocupados significaron un evento fructífero pero no necesariamente un anfitrión exitoso. El logro por debajo de su verdadero potencial es el fracaso. El orador motivacional Les Brown dice: "La mayoría de las personas fallan en la vida no porque apuntan demasiado alto y fallan, sino porque apuntan demasiado bajo y golpean". A medida que la expansión y la expectativa tienen lugar en su espíritu, debe haber una expansión y expectativa coincidentes en su dominio físico. Esto es para facilitar el aumento. Dos amigos tuvieron una conversación. Uno dijo: "Voy a trabajar por mi porción de pastel", el otro respondió: "¿por qué solo una rebanada, por qué no trabajar para ser dueño de la panadería?" A medida que renueve su mente, no se conforme, expanda los terrenos de su mente y espíritu.

A decir verdad, hay grandes mentes que han ido y venido sin darse cuenta de que eran geniales. Si observamos el sistema educativo, en su mayor parte, todos son probados y determinados por la misma varilla de medición. Por lo tanto, un pez morirá creyendo que fue estúpido porque no pudo trepar. Haces lo contrario y haces un examen de natación, al pez le va muy bien. La oruga nunca sabría que en él yace una mariposa esperando volar si está en el entorno equivocado. Una verdad no realizada es que el mejor entorno que necesita no es el que sus botas físicas están acostumbradas, sino el que su espíritu pisotea diariamente en sus mentes. ¿Cuál es el estado de su entorno mental? Un espíritu rico prosperará donde las mentes mediocres perezcan; mismo terreno pero resultados diferentes. A medida que renueves tus mentes, rehúsate a ser víctima de un entorno empobrecido, sino deja que el viaje de tu Gran Espíritu fomente los cambios globales.

Las mentes mediocres se niegan a evolucionar y crecer a través de la constante renovación de la mente. En lugar de aprender a volar a través de los campos abiertos, se arrastran entre pétalos verdes. La palabra de Dios nos anima a declarar aquellas cosas que no son como si lo fueran (Romanos 4:17). Dice: "que los débiles digan que soy fuerte" (Joel 3:10). ¿El libro sagrado alienta a las personas a mentir? No. Es un aliento no residir en el lugar de su discapacidad. Si bien su experiencia es de necesidad, mírese en abundancia. Esto se convertirá en su objetivo para seguir adelante.

Cuando comencé a recibir en mi espíritu ideas para libros y canciones, aunque con poco dinero, hice un pacto con Dios. Regalaré el veinticinco por ciento (25%) de todos los ingresos recibidos de la venta de estos materiales. El ambiente físico gritó fuertemente, estás roto, pero mi espíritu viajó a un lugar de abundancia. Debes buscar la sincronización entre la verdad de tu hombre espiritual y tus manifestaciones físicas. Su mente en evolución o en expansión siempre debe atraer y atraer su dominio físico a la manifestación de más. Escuchemos a una gran mente hablar sobre los talones de la injusticia hacia el hombre negro. Tengo el sueño de que un día en las colinas rojas de Georgia, los hijos de los antiguos esclavos y los hijos de los antiguos dueños de esclavos podrán sentarse juntos en la mesa de la hermandad.

Tengo el sueño de que un día, incluso el estado de Mississippi, un estado sofocado por el calor de la injusticia, sofocado por el calor de la opresión, se transformará en un oasis de libertad y justicia.

Tengo el sueño de que mis cuatro hijos pequeños algún día vivirán en una nación donde no serán juzgados por el color de su piel sino por el contenido de su carácter.

Tengo un sueño que un día en Alabama, con sus

viciosos racistas, con su gobernador con los labios llenos de palabras de "interposición" y "anulación" (Sí), un día allí en Alabama, pequeños niños y niñas negros. podrán unirse con niños y niñas blancos como hermanas y hermanos. Yo tengo un sueño hoy.

Tengo el sueño de que algún día todos los valles serán exaltados, cada colina y montaña se volverán bajas, los lugares ásperos se aclararán, y los lugares torcidos se enderezarán, y la gloria del Señor se revelará, y toda carne lo verá junto. Esta es nuestra esperanza. Esta es la fe con la que regreso al Sur. Con esta fe, podremos levantar de la montaña de la desesperación una piedra de esperanza. Con esta fe, podremos transformar las discordancias discordantes de nuestra nación en una bella sinfonía de hermandad. Con esta fe, podremos trabajar juntos, rezar juntos, luchar juntos, ir a la cárcel juntos, defender la libertad juntos sabiendo que algún día seremos libres (Martin Luther King Jr.).

Lo anterior es un extracto del famoso discurso de Martin Luther King Jr., que pronunció el 28 de agosto de 1963, en la Conferencia de Liderazgo Cristiano del Sur celebrada en Washington, D.C. King habló desde dos lugares, el mediocre y el grande. El mediocre había aceptado un sistema en el que una raza creía que era superior a otra, pero la gran mente de King se negaba a aceptar una creencia tan inhumana y repulsiva. Habló de cambio. Un cambio donde todos los hombres son tratados como creados desde la misma mente: la mente de Dios. Las grandes mentes no tienen miedo de ir en contra del sistema de injusticia, incluso si les costó la vida terrenal. Esto era cierto en el caso de King. King fue asesinado el 4 de abril de 1968.

En 2017, escuché a un orador invitado en una conferencia decir: "él quiere vaciar la tumba". A primera vista pensé: "Eso no es nada profundo, ya que todos vamos a la tumba vacíos". Sin embargo, cuando lo expuso, me di cuenta de que hablaba de vaciar su gran mente al servicio del Señor y sus semejantes. ¿Cuántas personas han contribuido a hacer del cementerio el lugar más rico de la tierra? Murieron con libros, películas, poemas, empresas comerciales, ministerios y otras ideas que cambiaron el mundo y que permanecieron encerradas en sus mentes.

La verdad es que una gran mente funciona como un alternador de vehículos de motor. El alternador es un creador de energía eléctrica en su automóvil y es un componente principal del sistema de carga de un vehículo. Cada vez que el motor está en movimiento, el alternador carga la batería y suministra energía eléctrica adicional para los sistemas eléctricos del vehículo. Si el alternador no funciona, la energía del vehículo está únicamente en la batería que no se está recargando. Esa batería finalmente se quedará sin jugo y morirá. Creo que así es como funciona la mente. Activar nuestras mentes hacia un propósito intencionalmente requiere una alta frecuencia que sirve como una metodología de recarga. A medida que libere sus depósitos dados por Dios, ya sean negocios, libros, películas o ideas multimillonarias, se rejuvenecerá o repondrá. Cuanto más liberes, más recibirás para seguir dando. Una gran mente siempre tendrá y deseará dar de su depósito.

La idea de ir a la tumba vacía y sus implicaciones han suscitado mucha controversia. Según 2 Reyes 13:21 "Y sucedió que mientras enterraban a un hombre, he aquí, vieron a un grupo de hombres; y arrojaron al hombre al sepulcro de Eliseo: y cuando el hombre fue decepcionado y tocó los huesos de Eliseo, revivió y se puso de pie ". Este es el único lugar en la Biblia que se ve. Se cree que el protegido de Eliseo, Guiezi, pecó y fue despojado de su herencia espiritual. Por lo tanto, Eliseo, a diferencia de su mentor Eliseo, quien le pasó el manto el día que fue transportado al cielo, no transfirió su unción antes de su muerte. Aunque Eliseo murió, la unción todavía estaba viva en sus huesos, de ahí la resurrección de los muertos.

En 2015, los estudiantes de la Iglesia New Bethel en Redding California fueron a las tumbas de hombres y mujeres ungidos de Dios, haciendo lo que se llama "succionar tumbas". Esta práctica vio personas tendidas en las tumbas y buscando la unción de los fallecidos. Erróneamente, buscaron de entre los muertos lo que les proporcionaba el Espíritu Santo viviente. Existe el peligro de comenzar de maravilla pero terminar tontamente. La gente de Bethel Church tenía un excelente, gran deseo. Decidieron perseguir ese esfuerzo. Querían recibir la unción y funcionar en el poder de la unción demostrada de los grandes padres de la fe.

Sin embargo, su estado mental de pobreza los hizo colapsar en lo oculto. La ruta que deberían haber elegido es abrazar la verdad en la palabra de Dios. "Pero recibirán poder cuando el Espíritu Santo venga sobre ustedes, y serán mis testigos en Jerusalén, y en toda Judea y Samaria, y hasta los confines de la tierra" (Hechos 1: 8). No obedecían la palabra de Dios sin diluir. Una de las marcas de una mente rica es su disposición a obedecer y vivir la palabra de Dios sin diluir.

Una mente pobre o enferma siempre buscará y promoverá la fuente incorrecta. En 1994, alguien usó la brujería en mi contra al usar mi libro de texto Certificado de Matemáticas. Estuve confinado en el Hospital Universitario durante nueve días. Un miembro de la familia distante, que tenía buenas intenciones, alentó a mi madre (que es cristiana) a que acudiera a un hombre brujo en busca de ayuda. Su respuesta fue: "si Dios elige no curarlo, que así sea. Pero no me estoy ensuciando las manos con iniquidad". Podemos ver dos mentes conversando: una mente pobre y una mente rica. La pobre mente rechazó el alto estándar de Dios que nos advierte que evitemos a las personas que consultan a los muertos, médiums y cualquier agente de Satanás. La mente rica o apoderada reside en el lugar donde el conocimiento de Dios es soberano. Una mente rica o apoderada elegirá hacer lo que Dios desea y obtendrá un lugar de descanso.

Su matriculación educativa, adquisición de riqueza o estado social no representa necesariamente el estado de su mente. Tampoco está determinado por la pobreza de sus camaradas. Su espíritu grande o mediocre se basa en su voluntad de buscar la renovación diaria de la mente, que se logra principalmente a través de la Palabra de Dios. El trono de su sumisión dice mucho sobre el estado de su espíritu. El rechazo o la aceptación de las palabras de Dios es una poderosa escala de medición de renovación mental. A medida que renueve su mente, es imperativo que la palabra de Dios se convierta en su punto de referencia.

Una vez que su gran espíritu se mueve en línea con la Palabra de Dios, permanece activamente involucrado como el precursor.

La mediocridad y el estancamiento, por lo tanto, ya no pueden cruzar las fronteras de una mente renovada; en cambio, la expectativa y la expansión se convierten en la nueva normalidad.

CLAVES DE RENOVACION MENTAL

En este capítulo sobre "Grandes espíritus y mentes mediocres", hemos compartido algunas claves de Renovación mental para ayudarlo a convertirse en una mejor persona. Aquí hay un resumen de estas claves que puede aplicar a su vida diariamente o según surjan las circunstancias. Lee y medita en ellos. Ora y declara sobre tu vida caminar en la victoria que Dios ha preparado para ti.

1. El logro por debajo de su verdadero potencial es el fracaso.
2. Nunca caminarás por los caminos que tu mente no ha recorrido
3. No hemos estirado nuestras mentes para habitar frecuencias altas, sino que nos hemos asentado en terrenos bajos.
4. Un espíritu rico prosperará donde las mentes mediocres perezcan.
5. Las mentes mediocres se niegan a evolucionar y crecer a través de la constante renovación de la mente. En lugar de aprender a volar a través de los campos abiertos, se arrastran entre pétalos verdes.
6. Rechace los terrenos bajos y estire su mente para habitar frecuencias altas
7. .A medida que la expansión y la expectativa tienen lugar en su espíritu, debe haber una expansión y expectativa coincidentes en su dominio físico.
8. Una verdad no realizada es que el mejor entorno que necesitas no es el que tus botas físicas están acostumbradas, sino el que tu espíritu pisotea diariamente en tu mente.
9. Las grandes mentes no temen ir en contra del sistema de injusticia, incluso si les cuesta la vida terrenal.
10. Activar tus mentes hacia un propósito intencionalmente requiere una alta frecuencia,

que sirve como una metodología de recarga.
11. Una gran mente siempre tendrá y deseará dar de su depósito.
12. Una mente pobre o enferma siempre buscará y promoverá la fuente incorrecta.
13. Deja que la palabra de Dios sea tu punto de referencia.

RENOVACION

CAPÍTULO 6:
PERSPECTIVA Y RENOVACIÓN MENTAL

"Liberé a mil esclavos. Podría haber liberado mil más si solo supieran que eran esclavos.

-Harriet Tubman

En un mensaje reciente en las redes sociales, un joven dijo que estaba conversando con un hombre aparentemente loco. El hombre le dijo: "¿Estoy enojado porque veo las cosas de manera diferente a los demás?" A esto, respondió "no". Luego, el hombre dibujó la letra "M" en una hoja de papel y le preguntó qué era. Él respondió: "M". El aparentemente loco respondió: "Depende del ángulo desde el que estés mirando. Si lo gira, verá W, gírelo hacia la derecha, obtendrá un tres, y si lo gira hacia la izquierda, tendrá una E ". Terminó el diálogo diciendo: "no está enojado porque ve las cosas de manera diferente".

RENOVACION

Lo que se destacó fue que se llegó a las percepciones en función del ángulo desde el que estamos mirando. Entonces,
¿está el vaso medio lleno o medio vacío? La verdad del asunto es: son ambos. Sin embargo, el camino elegido dependerá de la percepción de uno.

Hace algunos años, un médico me pidió que me hiciera amigo de un joven que no tenía amigos. Acepté y acepté el desafío. De nuestras pocas conversaciones, recuerdo claramente esta. El joven dijo: "fue capaz de permanecer bajo la lluvia, descubierto y no mojarse". Inmediatamente lo categoricé como alguien mentalmente inestable. Años más tarde, cuando mi mente se expandió, reflexioné sobre su declaración y me di cuenta de que estaba más estable de lo que pensaba. Ahora entiendo y estoy de acuerdo con su percepción. Los seres humanos se llaman "seres tripartitos", lo que significa tres partes.

Según 1 Tesalonicenses 5:23 "Y el mismo Dios de la paz te santifica por completo; y le pido a Dios que todo tu espíritu, alma y cuerpo sean preservados sin mancha hasta la venida de nuestro Señor Jesucristo ". Esto indica que los seres humanos son cuerpo, alma y espíritu. Expongamos brevemente la función de cada parte para que veas lo que el joven intentaba transmitir:

1. Su cuerpo es el componente visible del hombre que se comunica en el dominio físico a través de sus cinco sentidos.
2. La palabra griega para alma en la Biblia es

RENOVACION

psique, que también es la palabra de origen para la psicología. Tienes conocimiento y experiencia del reino psicológico a través de tu alma. Tu alma es quien eres desde una perspectiva interna y es una combinación de tu mente, emociones y tu voluntad. La mente facilita los pensamientos, la memoria y el razonamiento. Tus emociones te permiten tener sentimientos como alegría o tristeza y tu voluntad te permite tomar decisiones.
3. Tu espíritu es la parte más sagrada de tu existencia. A través de tu espíritu, te conectas con el reino espiritual. Dios es un espíritu, por lo tanto, su nivel más alto de comunicación con Él se canaliza a través de este componente.

Principalmente, en la ignorancia, solo nos hemos centrado en el cuerpo, lo que equivale a 1/3 de lo que somos. El joven habló desde la perspectiva de que su cuerpo estaba mojado pero no su alma (mente) y su espíritu. Razonó que la mayor parte de su existencia, que es 2/3, siendo alma y espíritu, no se vio afectada por lo que estaba afectando lo externo (la lluvia). Vio la discrepancia desproporcionada de los humanos enfocándose en el cuerpo mientras descuidaba el alma y el espíritu internos.

Diariamente lava, arregla, viste, perfuma y descansa sus cuerpos, pero ¿cuánto tiempo le dedica al alma y al espíritu? ¡Escucha esta perspectiva! Has estado confinado al reino físico cuando el reino espiritual te espera con los brazos abrazados. Para

RENOVACION

recibir las victorias que anhelas, necesitarás cambiar tu enfoque y colocar el reino espiritual por encima del físico. Debes prestar más atención a tu alma y espíritu. El joven habló de una manera simple: no debemos ser consumidos por los externos que tienen el potencial de intimidarnos para que sucumbamos a sus dictados. Gálatas 5: 16-17 lo pone de esta manera:
Entonces digo esto: Camina en el Espíritu, y no cumplirás la lujuria de la carne. Porque la carne codicia contra el Espíritu, y el Espíritu contra la carne: y estos son contrarios el uno al otro: para que no puedan hacer las cosas que harían (Gálatas 5: 16-17).
Hay una guerra continua dentro de la creación tripartita del hombre. Está entre el cuerpo y el espíritu. Una vida victoriosa es aquella que no ha cedido al cuerpo sino al espíritu. Este joven había entrado en un entendimiento que profesaban grandes mentes que aún no habían captado. El difunto Bob Marley dijo: "Algunas personas sienten la lluvia. Otros solo se mojan." Aquí habló en dos frentes, la mente (sentimientos) y el cuerpo (mojarse). Una verdad sorprendente es que muchas personas viven sus vidas solo experimentando la humedad pero nunca sintiendo la lluvia. Cuando un encuentro ministra a su mente y alma, entonces el proceso de renovación mental puede comenzar o continuar.

    El gran Nelson Mandela lo dijo de esta manera: "Mientras salía por la puerta hacia la puerta que me llevaría a la libertad, sabía que si no dejaba atrás mi amargura y mi odio, aún estaría en prisión". Dijo una verdad que se sumergió debajo del caparazón del

RENOVACION

cuerpo humano. Aunque liberado de los barrotes del encierro físico, el encarcelamiento continuo seguiría siendo una realidad, si no fuera mental y espiritualmente libre. Estas son las cadenas sutiles y fáciles de pasar por alto. Mandela mencionó la amargura y el odio como barras y cadenas de cautiverio mental, pero la cadena tiene muchos eslabones. La falta de perdón, la baja autoestima, el miedo, los fracasos pasados, el arrepentimiento y el abuso son algunos eslabones de la cadena que nos mantiene cautivos.

Cuando maduras al lugar de ser espiritualmente rico, las barras físicas no pueden contenerlo. Sus mejores películas, canciones, libros y poesía se pueden escribir en un lugar de restricción física y terrenal. Lo que es imperativo es el estado de su mente, que aunque es privado, se manifiesta a través de sus palabras y acciones. El mayor encarcelamiento es el de la mente y el espíritu, donde uno es físicamente libre, pero espiritualmente atado. Un espíritu estacionado es como un sol sin luz. Hay más personas encarceladas deambulando por las calles que las que se encuentran en instalaciones de máxima seguridad. La ironía es que no son conscientes de que están obligados. Harriet Tubman dijo: "Liberé a mil esclavos. Podría haber liberado mil más si solo supieran que eran esclavos. No lo sabían porque sus pies y manos estaban desatados. Robert Nesta (Bob) Marley en su éxito musical, "Redemption Song" popularizó estas palabras pronunciadas por primera vez por Marcus Garvey. "Vamos a emanciparnos de la esclavitud mental porque mientras que otros pueden liberar el cuerpo, nadie más

RENOVACION

que nosotros puede liberar la mente". Hasta que la mente de un hombre sea libre, puede estar suelto externamente pero atado internamente. Tenga en cuenta que Garvey impuso la responsabilidad de la emancipación mental a las personas y no a un sistema. Tu y yo tenemos que asumir el mandato de nuestra propia Renovación mental.

Miremos a dos de los discípulos de Jesús que fueron golpeados y luego encarcelados para ver cuán importantes son la perspectiva y la renovación mental.
Y cuando les pusieron muchos golpes, los arrojaron a la cárcel, acusando al carcelero de mantenerlos a salvo: quien, después de recibir tal cargo, los metió en la prisión interior e hizo que sus pies se apresuraran en el cepo. Y a medianoche, Pablo y Silas oraron y cantaron alabanzas a Dios, y los prisioneros los oyeron. Y de repente hubo un gran terremoto, de modo que se sacudieron los cimientos de la prisión: e inmediatamente se abrieron todas las puertas y se soltaron las bandas de todos (Hechos 16: 23-26).

Paul y Silas demostraron este concepto de renovación de la mente que cambia la vida. A pesar de haber sufrido abusos físicos por flagelación y encarcelamiento, sus expresiones de libertad espiritual fueron un testimonio para los otros prisioneros. Todos fueron encarcelados pero no todos fueron atados. El hecho de que compartamos el mismo espacio no significa que somos idénticos en nuestra conciencia. ¡Cantaban a Dios después de ser golpeados y encarcelados por Dios! A medida que renovamos nuestras mentes, dejemos que resuene en nuestros

RENOVACION

espíritus que, un ataque contra su creencia debería servir para fortalecerlo y no causar una partida.

Lo que tiene poco o ningún valor tiende a ser ignorado. El dolor físico de la golpiza tuvo que rendir su voz al sonido abrumador de sus espíritus cuando se hizo eco de la adoración concertada. La elección fue clara: "cuando en Roma hagan lo que hacen los romanos", que en este caso fue: "cuando estén en prisión, hagan lo que hacen los otros prisioneros". O ser transportado del reino del dolor y la vergüenza a un lugar de paz, alegría y adoración. Encontraron este nuevo reino de paz, alegría y adoración a través del espíritu y el alma. La renovación mental que modelaron estos dos hombres encarcelados fue tan poderosa que los otros prisioneros se beneficiaron de su libertad espiritual. Su libertad espiritual impactó el reino físico. Cuando demuestres las perspectivas renovadas de la mente, los que te rodean se verán impactados positivamente. Ese es el poder de una mente renovada. Las personas que entran en contacto contigo ahora están posicionadas para el cambio.

La emancipación espiritual y mental da como resultado la libertad física. La verdadera fe no está en su mejor momento en paz, sino durante el tiempo de inquietud espiritual y física. ¿Nos mantenemos fieles a nuestra fe bajo presión? ¿O permitimos que las cadenas físicas silencien nuestros elogios? A medida que renueve sus mentes, huya de las perspectivas de bajo nivel que se derivan de las experiencias físicas o físicas. Abrace las perspectivas que se atribuyen directamente a su comunicación espiritual con su Dios

RENOVACION

y su emancipación mental. Un excelente lugar para comenzar es: "Y sabemos que TODAS las cosas funcionan juntas para bien para los que aman a Dios, para aquellos que son llamados según Su propósito" (Romanos 8:28).

CLAVES DE RENOVACION MENTAL

En este capítulo sobre "Perspectiva y renovación mental", hemos compartido algunas claves de Renovación mental para ayudarlo a convertirse en una mejor persona. Aquí hay un resumen de estas claves que puede aplicar a su vida diariamente o según surjan las circunstancias. Lee y medita en ellos. Ora y declara sobre tu vida caminar en la victoria que Dios ha preparado para ti.

1. Para recibir las victorias que anhelas, necesitarás que cambies tu enfoque y coloques el reino espiritual por encima del reino físico.
2. No debes ser consumido por los externos que

RENOVACION

tienen el potencial de intimidarnos para que sucumbamos a sus dictados.
3. Una vida victoriosa es aquella que no ha cedido al cuerpo sino al espíritu.
4. Cuando maduras al lugar de ser espiritualmente rico, las barras físicas no pueden restringirte.
5. El mayor encarcelamiento es el de la mente y el espíritu, donde uno es físicamente libre, pero espiritualmente atado.
6. Un espíritu estacionado es como un sol sin luz.
7. Deja que resuene en nuestros espíritus que un ataque contra tu creencia debería servir para fortalecerlo y no causar una partida.
8. Cuando demuestres las perspectivas renovadas de la mente, otras personas a tu alrededor se verán impactadas positivamente.

CAPÍTULO 7:
ARTISTAS AGRIETADOS

"Sus grietas no son errores, sino la plataforma desde la cual sus proyectos e influencia extraordinarios pueden impactar a generaciones y naciones".
—Leostone Morrison

Según la retórica y la escritura en el nivel universitario, "un ángulo de visión indica que el autor manipula un mensaje y cómo se transmite a los lectores. Podríamos decir fácilmente que un ángulo de visión es el punto de vista del autor ". La siguiente es una fábula antigua con mucha verdad donde se examinan varios ángulos.

Una anciana china tenía dos ollas grandes. Cada maceta colgaba de los extremos de un poste, que ella llevaba sobre sus hombros. Todos los días, usaba este dispositivo para llevar agua a su casa. Una de las ollas era perfecta y siempre entregaba una porción completa de agua. El otro tenía una grieta profunda y goteaba. Al final de la larga caminata desde el arroyo hasta la casa, la olla agrietada llegó solo a la mitad.

Durante dos años completos, esta situación se produjo diariamente, y la mujer trajo a casa solo una y media ollas de agua. Por supuesto, la olla perfecta estaba orgullosa de sus logros. Pero la pobre olla rota estaba avergonzada de su propia imperfección y miserable de que solo podía hacer la mitad de lo que se había hecho.

Después de dos años de lo que *percibió* como un fracaso amargo, la olla agrietada le habló a la mujer un día junto al arroyo, diciendo: "Me avergüenzo de mí misma porque esta grieta en mi costado hace que el agua se escape por todo el camino de regreso a su casa". casa."

La anciana sonrió y respondió: "¿Notaste que hay flores en tu lado del camino, pero no en el otro lado de la maceta? Siempre he sabido de tu defecto, así que planté semillas de flores a tu lado del camino, y todos los días mientras caminábamos de regreso a casa las regaste y las hiciste crecer. Durante dos años, he podido recoger estas hermosas flores para decorar la mesa y darlas a mis amigos y vecinos. Sin que seas exactamente como eres, no habría habido esta belleza especial para honrar nuestros hogares y nuestras vidas".

A veces, son las "grietas" o lo que percibimos como imperfecciones, en esta realidad, lo que crea algo inesperado y hermoso. Estas "grietas" permiten que algo cambie y, en última instancia, hacen que todo sea mucho más rico e interesante. Todo y cada ser tiene su propio propósito y destino únicos que cumplir.

Lo que determina el punto de vista o ángulo de visión de una persona, son factores externos e internos, como nuestra mente y emociones que conforman nuestra alma, que es nuestra personalidad, que habla de quiénes somos. Los factores externos son abundantes. Para la olla rota, los aspectos externos que afectaron su percepción de sí mismos fueron la comparación y cayeron por debajo de las expectativas de su diseño. Esto hizo que se avergonzara y se sintiera miserable (factor interno).

Para excavar la riqueza de esta historia corta, necesitamos profundizar en lo tácito que se puede derivar de lo hablado. Exploraremos las siguientes perspectivas:

a) La olla ininterrumpida
b) La anciana
c) El lado decorado de la carretera.
d) La casa
e) Los vecinos
f) La olla defectuosa / agrietada.

EL BOTE ININTERRUMPIDO

Esta olla perfecta tenía todos los derechos para estar orgullosa de sus logros. Durante dos largos años, cumplió fielmente con excelencia el propósito para el cual fue hecho. Esto es notable y no debe pasarse por alto. Siempre que las personas sirvan fielmente, deben ser reconocidas tanto en privado como en público. Fue confiable La anciana podía depender de ella para entregar. Fue dinero bien gastado.

LA VIEJA SEÑORA

La anciana sin nombre tenía una situación. Necesitaba tomar una decisión para seguir adelante. Las opciones que tenía delante eran: descartar la maceta rota, repararla, usarla para plantar flores o usarla como estaba. Su posición puede compararse con aquellos que se encuentran en matrimonios difíciles. Ellos también tienen opciones similares. Algunos optan por descartar su matrimonio. Muchos matrimonios se han estancado apresuradamente en el divorcio debido a grietas que parecían enormes y más allá de cualquier valor razonable. Hay una falta de voluntad para perseguir el voto de "hasta que la muerte nos separe". En consecuencia, las ollas / relaciones rotas ya no son sagradas.

La anciana y la olla tenían una relación. Ella recordaba los buenos tiempos. La olla sirvió bien y agregó valor a su vida antes de que se agrietara. Ella se negó a dejar atrás a los heridos. Sabía que todavía tenía valor aunque estaba agrietado, por lo que decidió no descartarlo ni repararlo.

La reparación sería la siguiente opción viable si la anciana no quisiera descartar el bote pero decidió no hacerlo. ¿Por qué ella eligió esta opción? Creo que el costo asociado, el tiempo y el esfuerzo necesarios para restaurar el bote a su forma más verdadera sería demasiado. Ella podría haberlo usado para plantar flores. Eso podría haber funcionado porque al menos aún sería útil y produciría un servicio de calidad. Ella decidió preservar la dignidad de su relación. La olla / relación estaba rota pero no muerta.

La anciana reconoció la diferencia entre sus dos ollas. Ella se negó a juzgar la olla rota sobre la base de su defecto. Ella, a través de la sabiduría, capitalizó su fragilidad y la restauró a un lugar de valor. Al apreciar la condición o el estado de la olla rota, expandió su horizonte o área de servicio. La olla de agua perfecta solo servía a la anciana, mientras que la olla rota servía a la comunidad, su casa y sus vecinos.

Por lo tanto, debe comprender que su fragilidad podría ser su plataforma de lanzamiento en un servicio inimaginable. La anciana amaba las dos ollas con sus diferencias. Necesitaba el agua para las necesidades de su hogar y dependía de la olla perfecta para entregar ese servicio en lugar de la olla rota. Por lo tanto, debe dejar de esperar más de lo que sabemos que otros pueden entregar. ¿Notaste que la anciana nunca discutió con la olla defectuosa sobre su incapacidad para entregar de la misma manera que su contraparte? De esta manera ella demostró que la visión es más poderosa que la vista.

La vista vio las grietas, pero la visión vio su potencial. Luego aprovechó sus grietas y plantó flores, que la maceta riega sin saberlo. Deja que esto resuene en tu espíritu: *a pesar de tus defectos, Dios te ha usado sin que lo sepas.* Dios no necesita su permiso para usarlo para ser una bendición. Hay momentos en los que no tendrá voz en el asunto. Dios decide y eso es todo. Si le contaran todos los planes que el Señor tenía y estaba haciendo, abortaría algunos.

Hubo un problema no anunciado para la anciana cuando llevaba las ollas de agua sobre sus hombros en sus diferentes estados. Fue un problema de equilibrio. A medida que la olla agrietada goteaba su contenido, el peso sobre su hombro cambió cada vez más al desequilibrio, pero su atención no se centró en la incomodidad. La alegría interna de ver florecer las flores erradicaba el dolor del desequilibrio. Debe ser lo suficientemente consciente como para apreciar las grietas y fallas de los demás que requerirán empatía y pueden causarle dolor. Sin embargo, vale la pena.

Esto es similar alo que sucedió con el apóstol Pedro. Peter era el discípulo maldito y luchador. Negó a Jesús y huyó de la escena. Sin embargo, después de la resurrección de Jesús, Él dijo: "llama a mis discípulos y a Pedro". En otras palabras, Peter, con todos tus defectos, ven. Más tarde, Pedro predicó el primer mensaje después de Pentecostés y en Hechos 2:41 los resultados fueron tremendos. "Los que abrazaron su mensaje fueron bautizados, y alrededor de tres mil fueron añadidos a los creyentes ese día". Jesús vio más allá de la vista. Miró hacia adelante a tiempo y se negó a dejar atrás a este poderoso predicador. Tenía grietas pero era un poderoso predicador.

EL LADO DECORADO DEL CAMINO

Este lado de la carretera sabía que su belleza no era el resultado de un accidente sino de un propósito calculado. La carretera recibió un esfuerzo de equipo entre la anciana y la olla de agua rota. Decorar el camino requería compromiso y consistencia. A medida que renueve su mente, sea consciente de que sus cambios de vida deseados requerirán compromiso, consistencia y procesos intencionales.

LA CASA

Se regocijaba semanalmente cuando se traían flores recién cortadas y se usaban para decorarlo. La casa ahora era más amigable, más receptiva y más cálida. La casa no agradeció a la olla de agua. Agradeció a la anciana. La casa habló desde su lugar de conocimiento. Vio a la anciana traer las flores, pero no vio la olla de agua que goteaba. Cuando la olla rota llegó a casa, había dejado de gotear. Al igual que la casa, ha llegado a decisiones y visiones del mundo basadas en el conocimiento accesible.

Sin embargo, el conocimiento disponible podría no ser una verdad completa. No se limite al miedo a la información recién aprendida, incluso si eso significa que nuestros dogmas están siendo desafiados. Rechace la atracción para ser miope. Agradeces a la anciana por las flores. No viste a la persona que conceptualizó la siembra (en este caso, la anciana), el suelo que recibió con gusto la semilla y alimentó y alimentó las semillas hasta que se convirtieron en plantas. No viste la olla de agua que goteaba el agua que se necesitaba para que las flores prosperen. En la búsqueda de renovar sus mentes, recuerde que a menudo hay más en una situación de lo que ven los ojos.

LOS VECINOS

Estaban felices y esperaban recibir. Al igual que la casa, solo vieron la bondad de la anciana. Debe intentar no estar enojado o albergar el sentimiento de resentimiento porque las personas no aprecian el trabajo que ha realizado. Puede ser que no sepan de tu contribución. Por lo tanto, renueva tu mente al servir no para alabanzas sino para la alegría de contribuir al enriquecimiento de una persona, comunidad o nación.

LA OLLA DE AGUA DEFECTUOSA / AGRIETADA

¡Esta olla ya había tenido suficiente! Era demasiado para contener. Durante dos años, observó a su homólogo, Mr. Perfect, cumplir sus expectativas. Esto fue una fuente de frustración y vergüenza para la olla rota. Fue afectado por la comparación. Lo que no sabía era que sus propias expectativas eran diferentes de las de su propietario. En realidad estaba entregando lo que su dueño esperaba.

La verdad es que muchas personas sufren de depresión porque tienen expectativas poco realistas de sí mismas. La olla rota no se dio cuenta de que su defecto estaba siendo maximizado por la anciana. A medida que renueve su mente, evite ser consumido con lo que parecen ser sus defectos. Busque formas de convertir esas diferencias y véalas como factores que lo harán destacar. Su singularidad está incrustada en sus defectos y estos "defectos" pueden posicionarlo para que lo use de maneras poderosas. Por ejemplo, Moisés dijo: "Tartamudeo, no puedo hablar con fluidez", dijo Jeremías, "Soy un joven". Gideon dijo: "Mi familia es la menor y yo soy la menor de mi familia". Los tres destacaron sus debilidades según los estándares sociales, pero Dios los usó poderosamente.

Durante dos años, la percepción de sí mismo de la olla rota surgió de mirar a través de los lentes de sus incapacidades e imperfecciones. Esto llevó a la olla a estar avergonzado y envuelto en baja autoestima. Esta olla rota estaba en una encrucijada que muchas personas no pudieron cruzar: aceptar la nueva verdad encontrada o permanecer atrapados en la mente de la auto-derrota. A medida que buscamos la renovación mental, debemos sincronizarnos con la verdad, la verdad que los defectos, grietas y fugas, nos posicionan para hacer grandes hazañas. Renueva tu mente con esta verdad; sus grietas no son errores, sino la plataforma desde la cual sus proyectos e influencia extraordinarios pueden impactar a generaciones y naciones.

No hay gloria en estar atrapado en el lugar de la auto-derrota. Su realidad es diferente de su experiencia o experiencias. Es quien o lo que Dios dice de ti. Has construido ciudades fortificadas donde los malos pensamientos nos han dado la propiedad. Pero al igual que la olla rota, ahora debes abrazar quién eres y de quién eres a medida que tus mentes se renuevan a diario. Eres quien tu mente te permite ser. La olla rota tuvo que abrazar su transformación. Fue transformado pero aún agrietado. Con demasiada frecuencia permitimos que nuestras grietas bloqueen nuestra transformación y transporte. A medida que su mente se renueva, ahora encuentra valor no en ser perfecto, sino en un propósito. La ruptura de la olla abrió o deshizo su propósito oculto. Hay tesoros escondidos dentro de ti y tus grietas sirven como maestro de la revelación. Demos gracias a Dios por nuestras grietas.

CLAVES DE RENOVACION MENTAL

En este capítulo sobre "Transformadores agrietados" hemos compartido algunas claves de Renovación mental para ayudarlo a convertirse en una mejor persona. Aquí hay un resumen de estas claves que puede aplicar a su vida diariamente o según surjan las circunstancias. Lee y medita en ellos. Ora y declara sobre tu vida caminar en la victoria que Dios ha preparado para ti.

1. Su fragilidad podría ser su plataforma de lanzamiento en un servicio inimaginable.

2. A pesar de tus defectos, Dios te ha usado sin que lo sepas.
3. Sea consciente de que sus cambios de vida deseados requerirán compromiso, consistencia y procesos intencionales.
4. No se limite al miedo a la información recién aprendida, incluso si eso significa que sus dogmas están siendo desafiados.
5. En la búsqueda de renovar su mente, recuerde que a menudo hay más en una situación de lo que ven los ojos.
6. Servir no por alabanzas sino por la alegría de contribuir al enriquecimiento de una persona, comunidad o nación.
7. Abstenerse de ser consumido con lo que parecen ser sus defectos.
8. Debes sincronizarte con la verdad de que hay grietas y fugas defectuosas, posicionándote para hacer grandes hazañas.
9. Eres quien tu mente te permite ser.
10. Hay valor en tu imperfección.

CAPÍTULO 8:
VICTORIA MÁS ALLÁ DE LAS BARRERAS

"El éxito no se mide tanto por la posición que uno ha alcanzado en la vida como por los obstáculos que ha superado".

—Booker T. Washington

BARRERA DE CALEB

Mientras buscamos la renovación mental, escuchemos a Caleb. Moisés envió doce espías para buscar la tierra de Canaán y regresaron sanos y salvos con sus informes.

Y ellos le dijeron, y dijeron: Vinimos a la tierra donde nos condenas, y seguramente fluye leche y miel; y este es el fruto de esto. Sin embargo, la gente es fuerte que habita en la tierra, y las ciudades están amuralladas, y muy grandes: y además vimos allí a los hijos de Anac (Números 13: 27-28).

La Tierra Prometida era asombrosa, llena de riqueza y desafíos. En el idioma inglés, la conjunción "y" se usa para continuar un sentimiento mientras que "pero" se usa para indicar un cambio de dirección. Entonces, ¿por qué insertar "y" entre riqueza y desafíos? En su mayor parte, vemos los desafíos como algo negativo y algo de lo que podemos prescindir. Sin embargo, los desafíos son la columna vertebral en la que reside la grandeza. Cada desafío tiene incrustado, un interruptor y un creador, el fracaso y el éxito. El destinatario del desafío es quién decide la dirección del destino. Sin obstáculos, nunca descubrirás tu verdadero potencial y fuerza. Todo lo bueno viene con desafíos. Los desafíos ayudan a equilibrar nuestras vidas.

Y Caleb calmó al pueblo delante de Moisés, y dijo: Subamos de inmediato y poseámoslo; porque somos capaces de superarlo. Pero los hombres que subieron con él dijeron: No podremos ir contra la gente; porque son más fuertes que nosotros Y trajeron un informe maligno de la tierra que habían buscado a los hijos de Israel, diciendo: La tierra, a través de la cual hemos ido a buscarla, es una tierra que devora a sus habitantes; y todas las personas que vimos en él son hombres de gran estatura. Y allí vimos a los gigantes, los hijos de Anac, que vinieron de los gigantes: y estábamos a nuestra vista como saltamontes, y así estábamos a la vista de ellos (Números 13: 30-33).

Vemos dos informes diferentes que se basan en perspectivas diferentes. Caleb dijo: "Sí podemos, subamos ahora y vencemos". Pero los otros diez espías dijeron que no podemos enfrentarnos a ellos. Los diez dijeron: "... y nos parecíamos saltamontes". Fueron derrotados en función de su perspectiva. Vieron gigantes y eran como saltamontes. *Somos como nos vemos a nosotros mismos.* Nunca saldrás victorioso desde el balcón de la derrota. Se compararon con sus enemigos en la rúbrica del reino físico. Su perspectiva los dejó impotentes ante el desafío que se les presentaba. No vieron una batalla sino un suicidio. Después de entregar su perspectiva, afectó a todo el campamento. Esto resalta la necesidad de ser responsable con sus perspectivas. La gente respondió:

> ¿Y por qué nos ha traído el Señor a esta tierra, para caer por la espada, para que nuestras esposas y nuestros hijos sean una presa? ¿No nos fue mejor regresar a Egipto? Y se decían unos a otros: Hagamos un capitán, y regresemos a Egipto (Números 14: 3-4).

La idea de morir a manos de estos gigantes, ahora aplastó el espíritu de la congregación y sopesaron el futuro según la perspectiva de los diez. Avanza y muere, retrocede y vive como esclavo. Este es un lugar desafiante. Estaban preparados para desacreditar todos los milagros de Jehová porque se percibían a sí mismos como saltamontes a lo que estaba delante de ellos. ¿Qué pasa con la historia del Mar Rojo frente a ellos y el enemigo detrás de ellos? ¿Dios no entregó? Renueva tu mente con esta verdad indeleble; Las victorias del pasado nos son dadas para ser utilizadas en el futuro como recordatorio y estímulo, que la *victoria yace más allá de las barreras*.

Negarse a seguir adelante lo mantendrá saturado en el campo de apenas lo suficiente, mientras que la inmensidad de relojes más que suficientes desde una distancia no muy lejana. El miedo paraliza nuestras mentes y nos impide ver más allá. A medida que renovamos nuestras mentes, debemos comenzar a dudar de nuestras dudas. Estaban al borde de la prosperidad. Vieron y oyeron lo rica que era la tierra, pero sus mentes cedieron al mal del pasado, donde no eran libres. Una mala perspectiva tiene el potencial de cegarnos ante las atrocidades de las que escapamos en el pasado y hacer que la veamos ahora como una opción viable. Es como una mujer que elige regresar a una relación abusiva en lugar de quedarse sola.

¿Qué hizo que la perspectiva de Caleb fuera tan diferente? Caleb creía en Dios por completo. Dios dijo que los estaba tomando para darles una herencia, una tierra que fluye leche y miel. Cuando Caleb fue y espió la tierra, vio fluir la leche y la miel. Esto fue suficiente para él. Él vio la parte B de la promesa, y estaba completamente persuadido de que la parte A sería entregada por Dios. El mismo Dios que los libró de los egipcios fue más que capaz de cumplir su promesa. Caleb creyó. Nuestro sistema de creencias sirve como puerta, salida o entrada. Al renovar su mente, nunca olvide, extraño es el hombre que va en contra de su sistema de creencias. La perspectiva de Caleb dependía de su confianza en el testimonio y la fidelidad de Jehová. No había visto ni oído que Dios había fallado alguna vez. Es una tontería dudar de lo que nunca ha fallado.

MISMA PUERTA

Con frecuencia, escuchamos los sentimientos de "agradeciendo a Dios por las puertas abiertas". Sin embargo, rara vez escuchamos personas que agradecen a Dios por las puertas cerradas. El mismo Dios que abre una puerta cierra otra. Un escrutinio no tan cercano de una puerta revelará que tiene dos propósitos: se abre y se cierra. La misma puerta que conduce a la salida también conduce a una entrada. La decisión de dirección no es responsabilidad de la puerta sino de la persona atrapada entre decisiones. Una puerta puede tener veneno en un lado y el antídoto en el otro. La elección de residencia determina la vida o la muerte.

Los hijos de Israel en su éxodo histórico de Egipto fueron confrontados con un muro de agua. El poder milagroso de Dios abrió una puerta de tierra seca y un pasaje para que cruzaran al otro lado. ¡Esto fue asombroso! Sus enemigos, los egipcios, vieron esto y entraron por la misma puerta en busca de su premio. Sin embargo, la puerta se cerró sobre ellos y todos perecieron. A medida que renovamos nuestras mentes, seamos conscientes de esta verdad, lo que es una puerta para alguien podría no ser lo mismo para ti. La siguiente historia ilustra el punto.

Y Moisés extendió su mano sobre el mar; y el Señor hizo que el mar retrocediera por un fuerte viento del este toda esa noche, e hizo que el mar se secara, y las aguas se dividieron. Y los hijos de Israel entraron en medio del mar sobre la tierra seca; y las aguas eran un muro para ellos a su derecha y a su izquierda. Y los egipcios los persiguieron, y entraron tras ellos hasta la mitad del mar, incluso todos los caballos del Faraón, sus carros y sus jinetes. Y sucedió que, por la mañana, el Señor miró al ejército de los egipcios a través de la columna de fuego y de la nube, y molestó al ejército de los egipcios.

Y se quitaron las ruedas del carro, y los empujaron pesadamente, de modo que los egipcios dijeron: Huyamos de la faz de Israel; porque el Señor pelea por ellos contra los egipcios. Y el Señor dijo a Moisés: Extiende tu mano sobre el mar, para que las aguas vuelvan sobre los egipcios, sobre sus carros y sobre sus jinetes. Y Moisés extendió su mano sobre el mar, y el mar volvió a su fuerza cuando apareció la mañana; y los egipcios huyeron contra ella; y el Señor derrocó a los egipcios en medio del mar. Y volvieron las aguas, y cubrieron los carros, los jinetes y todo el ejército de Faraón que vino al mar después de ellos; no quedaba tanto como uno de ellos (Éxodo 14: 21-28).

Para los israelitas, la puerta a través del Mar Rojo era una carretera de liberación, pero para los egipcios, era una carretera de la muerte. Echemos un vistazo al Mar Rojo y los muchos propósitos que sirvió.

1. *Barrera del Mar Rojo:* El Mar Rojo sirvió como

barrera entre los israelitas y su destino. Esto significa que vale la pena luchar por cualquier cosa que valga la pena tener. Dios les hizo una promesa a los israelitas y ahora, un gran obstáculo estaba ante ellos. Las barreras no siempre equivalen a una dirección diferente. Se coloca una barrera para aumentar el testimonio del avance ya orquestado. Las barreras promueven la creatividad y la determinación. A medida que renueve su mente, sea consciente, enormes barreras se interponen entre grandes victorias. Por lo tanto, en lugar de ponerse nervioso, emocionarse cuando vea una barrera.

Nos entusiasmamos por la grandeza que nos espera detrás de las barreras. Según Booker T. Washington, "el éxito se mide no tanto por la posición que uno ha alcanzado en la vida como por los obstáculos que ha superado". Romanos 8:28 dice: "todas las cosas funcionan juntas para bien de los que aman al Señor y son llamados por su propósito". Todas las cosas incluyen barreras. ¿Cuál es esa barrera que se interpone entre ti y su propósito o destino? Si este es realmente tu destino, no dejes que nada o nadie te bloquee. ¡Tenga la seguridad de que hay una manera de superar esta barrera! Los israelitas presenciaron la conversión instantánea de su barrera a una entrada.

2. *Entrada al Mar Rojo:* los israelitas enfrentaron un dilema que necesitaba intervención divina y Dios se presentó. Partió el Mar Rojo para que Sus hijos

cruzaran con seguridad. Esta era su carretera. Dios creó una carretera seca en el vientre del mar. Esto es evidencia de que Dios no está en modo de pánico porque nos hemos rendido al miedo y la preocupación. Ves los obstáculos y los bloqueos, pero Dios ve una oportunidad para ser magnificada. A medida que renovamos nuestras mentes diariamente, debemos abordar los bloqueos con un marco mental diferente. Esto no es para matarnos, sino para revelar a Dios de una manera diferente. Esta es realmente una gran oportunidad para que nuestro conocimiento de Dios se expanda. Pero no solo del conocimiento de Dios, sino de las posibilidades. Debes dejar de limitarte.

3. *Arma de destrucción masiva del Mar Rojo:* mientras los egipcios perseguían con todo vigor la recuperación de los israelitas, entraron por la misma puerta y se dieron cuenta de que la misma puerta ahora actuaba contra ellos: matándolos a todos. Entraron por una puerta que no se les abrió. Debe verificar quién es el que ha abierto las puertas que tiene o está atravesando. ¿Tenemos autorización legal o espiritual para las puertas por las que pasamos? Como puede ver, los egipcios no tenían ninguno y los arruinó.

¿Eres espiritualmente legal donde estás? Cuando miramos la palabra legal, habla de los derechos constitucionales. Tenemos los derechos de un hijo, los derechos de una esposa, etc. Por ejemplo, el matrimonio entre personas del mismo sexo es legal en algunos países, pero en la corte de Dios, esto es ilegal. El matrimonio de hecho es aceptable en la corte de justicia pero no en la corte de Dios. ¿Dios ha sancionado tu lugar, posición, relación, matrimonio, etc.? Una persona puede estar casada físicamente con una persona, pero espiritualmente está casada o tiene relaciones sexuales con varias esposas o esposos. Hay personas que tienen parejas sexuales a las que nunca han conocido en el ámbito físico, pero que ocasionalmente se unen a ellas en sus sueños. Además, algunos están teniendo relaciones sexuales con amantes anteriores.

4. *Puerta cerrada del Mar Rojo:* el mismo Mar Rojo que sirvió de entrada a los israelitas también les sirvió como puerta cerrada. Les impidió regresar de esa manera a Egipto. Egipto representaba el lugar de la esclavitud y las condiciones de trabajo despiadadas. Su vida se hizo amarga con un servicio duro. Dios cerró la puerta como una bendición para ellos. La misma puerta abierta ahora funcionaba como una puerta cerrada.
Una verdad que debemos abrazar es: aperturas estacionales. Algunas puertas tienen fechas de vencimiento invisibles. Tendemos a esperar que una puerta abierta permanezca abierta para siempre, especialmente si la puerta abierta fue muy buena para nosotros. Sin embargo, como las personas, algunas puertas vienen para temporadas y tiempos específicos. Debemos amar la puerta lo suficiente como para liberarla y pasar a la próxima

apertura. Negarse a aceptar un cierre puede significar negarse una nueva apertura. Veamos la siguiente cuenta de Jessica Mehta que valida este punto.

Trabajé para organizaciones sin fines de lucro y ONG como redactor de subvenciones, coordinador de eventos, administrador, etc. Durante algunos años fui indiferente, pero en los últimos dos años realmente me quemé. En mi posición final, en realidad me contrataron como Director y no me dijeron que mi trabajo era * realmente * terminar el proyecto del año antes de que se cerrara el departamento. Luego comencé a trabajar en escritura y mehtafor.com, una compañía de servicios de escritura que atiende a una variedad de clientes, incluidas las empresas Fortune 500 y los principales medios de comunicación. Estaba haciendo seis cifras en 18 meses; Sin embargo, lo atribuyo a la suerte, la ambición obstinada y el traslado al extranjero donde el costo de vida era mucho más bajo y tenía exención de ingresos ganados en el extranjero.[1]

[1] (https: //¬blog¬.in-voice¬berry¬.com/¬2016/ ¬11 / ¬25-exitoso-en¬tre¬pre¬neurs-¬quit-¬jobs-¬pas¬sions /).

Hasta que el viaje de la vida haya llegado a un cierre abrupto, siempre habrá puertas que brinden aperturas y cierres. La puerta cerrada que está viendo hoy podría ser ese impulso que ahora necesita descubrir lo que ha estado esperando por años. Muchas personas han estado viviendo por debajo de su máximo potencial porque no reconocieron la oportunidad que Dios les dio a la puerta cerrada. Podemos estar tan atrapados en la amargura de la puerta cerrada que estamos ciegos ante la gran perspectiva que nos mira directamente a la cara. La victoria que te espera más allá de las barreras es demasiado para no perseguirla. Por eso es que tu mente debe ser renovada.

CLAVES DE RENOVACION MENTAL

En este capítulo sobre "La victoria más allá de las barreras", hemos compartido algunas claves de renovación mental para ayudarlo a convertirse en una mejor persona. Aquí hay un resumen de estas claves que puede aplicar a su vida diariamente o según surjan las circunstancias. Lee y medita en ellos. Ora y declara sobre tu vida caminar en la victoria que Dios ha preparado para ti.

1. Las victorias del pasado nos son dadas para ser utilizadas en el futuro como recordatorio y estímulo, que la victoria yace más allá de las barreras.

2. Nunca saldrás victorioso del balcón de la derrota. Debemos comenzar a dudar de nuestras dudas.
3. Una mala perspectiva tiene el potencial de cegarnos ante las atrocidades de las que escapamos en el pasado y hacer que la veamos ahora como una opción viable.
4. Nuestro sistema de creencias sirve como puerta, salida o entrada.
5. Nunca olvides, extraño es el hombre que va en contra de su sistema de creencias.
6. La misma puerta que conduce a la salida también conduce a una entrada. La decisión de dirección no es responsabilidad de la puerta, sino de la persona atrapada entre decisiones.
7. Cualquier cosa que valga la pena tener vale la pena luchar.
8. Se coloca una barrera para aumentar el testimonio del avance ya orquestado.
9. Tenga en cuenta que las enormes barreras se interponen entre las principales victorias. En lugar de ponerse nervioso, emocionarse cuando vea una barrera.
10. Debemos abordar los bloqueos con un estado de ánimo diferente. Esto no es para matarnos, sino para revelar a Dios de una manera diferente.
11. Hay aperturas estacionales. Algunas puertas tienen fechas de vencimiento invisibles.
12. La puerta cerrada que ves hoy podría ser ese empujón que necesitas para descubrir lo que te ha estado esperando durante años.

CAPÍTULO 9:
LA ESCALERA DEL ÉXITO

"La escalera del éxito se sube mejor al pisar los peldaños de la oportunidad".

—Ayn Rand

La misma escalera que te levanta, te derriba. Sea claro sobre la ubicación de su destino. A medida que renovamos nuestras mentes, esté dispuesto a no dejarse llevar por el movimiento de la multitud, sino por la dirección de su destino. Ni la multitud ni las noticias son tu brújula. Al perseguir su destino y cumplir su mandato, sea impulsado por un propósito. Para lograr esto, es posible que deba ir contra la corriente o la corriente. Esto requiere fuerza, confianza en sí mismo y concentración. La corriente popular nos lleva al promedio, la norma, lo que se espera, lo fácil. Pero, ¿y si tu destino te espera en el abismo de lo poco común o lo impopular? Veamos la experiencia de hambre de Isaac en Génesis 26: 1-14:

Y hubo una hambruna en la tierra, además de la primera hambruna que hubo en los días de Abraham. E Isaac fue a Abimelec, rey de los filisteos, a Gerar.

Y el Señor se le apareció y le dijo: No desciendas a Egipto; habita en la tierra de la que te hablaré: permanece en esta tierra, y estaré contigo, y te bendeciré; porque a ti y a tu descendencia daré todos estos países, y haré el juramento que juro a tu padre Abraham; Y multiplicaré tu simiente como las estrellas del cielo, y daré a tu simiente todos estos países; y en tu simiente serán benditas todas las naciones de la tierra; Porque Abraham obedeció mi voz y mantuvo mi cargo, mis mandamientos, mis estatutos y mis leyes. E Isaac habitó en Gerar:

Y los hombres del lugar le preguntaron a su esposa; y él dijo: Ella es mi hermana, porque él temía decir: Ella es mi esposa; no sea que, dijo él, los hombres del lugar me maten por Rebeca; porque ella era justa de mirar.

Y sucedió, cuando había estado allí mucho tiempo, que Abimelec, rey de los filisteos, miró por la ventana, vio y, he aquí, Isaac se estaba divirtiendo con su esposa Rebeca. Y Abimelec llamó a Isaac, y dijo: He aquí, ella es tu esposa; ¿Y cómo dijiste: Ella es mi hermana? E Isaac le dijo: Porque dije: para que no muera por ella. Y Abimelec dijo: ¿Qué es esto que nos has hecho? una de las personas podría tener un derecho de retención a la ligera con tu esposa, y deberías habernos impuesto la culpa. Y Abimelec acusó a todo su pueblo, diciendo: El que toque a este hombre o su esposa seguramente será ejecutado. Entonces Isaac sembró en esa tierra, y recibió en el mismo año cien veces: y el Señor lo bendijo. Y el hombre se engrandeció, y avanzó, y creció hasta llegar a ser muy grande: porque tenía posesión de rebaños y posesión de rebaños, y una gran reserva de siervos; y los filisteos lo envidiaban (Génesis 26: 1-14).

Isaac fue contra la corriente. Sembró en tiempos de hambruna y recibió un aumento de cien veces. Esa es una inversión que vale la pena. Su aumento podría estar en la dirección que solo los valientes se atreven a pisar. Su heroica victoria no se encontró flotando río abajo, sino nadando río arriba contra la corriente. Experimentar resultados similares significa más trabajo, esfuerzo, dedicación, compromiso y obediencia a Dios.

Isaac fue envidiado y no por su resistencia o largas horas de trabajo sino por su éxito. La envidia es energía y tiempo desperdiciados. Esa energía podría haber sido utilizada para copiar los esfuerzos del envidiado. Si vas a envidiar a alguien, no comiences con su éxito sino con su dolor. Nunca olvides esto, hasta que estés preparado para desear el sufrimiento que precede a la gloria, entonces cállate. Quieres la gloria pero no la historia.

Según Barack Obama, "el cambio no vendrá si esperamos a otra persona o en otro momento". Somos los que hemos estado esperando. Somos el cambio que buscamos."

A medida que renovamos nuestras mentes, dejemos de esperar que todos celebren nuestro éxito. Retírate de esperar a que otros muestren aprecio. En cambio, extiende tu propia alfombra roja. Trabajaste y te comprometiste a ir en contra del flujo de los mediocres y empleaste el espíritu de excelencia. Celebra tus logros. Celebrarte Celebramos la independencia, la emancipación, los cumpleaños, los aniversarios y todo está bien. Pero cuando es celebrarme día? Esto debería ser tan a menudo como sea posible. Todos los días no te harán daño. Sé el primero en felicitarte por un objetivo cumplido. No estoy promoviendo el orgullo o pensando demasiado en uno mismo, pero tampoco debes subestimar tus éxitos. Este tipo de celebración de uno mismo/ logros hace que sea más fácil regocijarse con los demás.

Isaac estaba resentido por su éxito. El éxito atraerá nuevos amigos y verá las expulsiones de viejos amigos. Presta atención a quién celebra tus pequeñas victorias. Deja de estar decepcionado. Las personas que celebraron sus pequeñas victorias pueden odiar su éxito masivo. A medida que renueve sus mentes, tenga en cuenta que los que se van pueden no ser malas personas. Simplemente no están equipados para manejarlo con éxito en este nivel.

Dentro de cualquier dimensión dada, puede haber varios niveles. Los niveles son divisiones de una dimensión que es la masa completa, espacio o área. Su éxito lo transporta de niveles en niveles y luego en dimensiones. Las personas que están en niveles no pueden comprender las dimensiones. No es suficiente haber cruzado de niveles a dimensiones, pero se debe avanzar en el mantenimiento y un mayor crecimiento. El grado de pensamiento que lo vio triunfar en los niveles no será suficiente en las dimensiones. Sus procesos de pensamiento deben coincidir con su lugar de aumento.

Cuanto mayor sea su éxito, más se espera de ti. Si su salida sigue siendo la misma, está fallando en este nuevo lugar. El éxito viene con bendiciones y peso. Si el peso del éxito supera la alegría del éxito, ya no tienes éxito, sino que ahora fracasas.

Deja de esperar el momento para aprovecharte, aprovecha el momento. Como dice el filósofo ruso Ayn Rand: "La escalera del éxito se sube mejor al pisar los peldaños de la oportunidad". Negarse a esperar una oportunidad de entrega. En cambio, persigue con toda diligencia la creación de sus propias oportunidades.

En el año 2000, trabajé en una ferretería bien establecida como empleado de entrada de datos. El salario era promedio y tuve dificultades para llegar a fin de mes. Un día caminé por las calles del centro de Kingston y vi artículos a mitad de precio que los de la parte alta. Compré una colonia de franela gris y la vendí por el precio de la zona alta. Tomé la ganancia y compré dos colonias. Cuando los vendí commence mi viaje de emprendimiento. Fui despedido en la ferretería porque no estaba dando el máximo rendimiento. Esta oportunidad creada creció y creció hasta que comencé a viajar al extranjero para comprar bienes, y esto lo hice durante muchos años. Esté dispuesto a invertir en su éxito. A medida que renueve su mente, recuerde siempre que el éxito no es fruto de accidentes, sino la recompensa de una diligente visión de futuro, planificación y ejecución.

Prepárese para ser considerado mentalmente en bancarrota a medida que avanza en contra de la norma. Pero anímate. La burla de hoy es la necesidad de mañana.

"Alguien está sentado a la sombra hoy porque alguien plantó un árbol hace mucho tiempo". -Warren Buffett

Como Isaac, sé valiente y planta dónde y cuándo nadie más se atreve. Las plantas sembradoras regulares en la hora y temporada programadas. Al plantar lo excepcional, desafía la lógica, el razonamiento y el intelecto. Estoy dispuesto a celebrar sus logros, pero necesito poder. Si todo lo que tus amigos quieren hacer es elogiar su éxito frente a tus fracasos, es hora de cambiar de compañía.

LA OPCIÓN ILÓGICA

Peter no fue el único discípulo en el bote, pero fue él quien habló. No dejes que el silencio de la masa te quite la lengua de los deseos extraordinarios. Los logros sobresalientes no son el fruto de mentes en bancarrota. Pedro desafió a Jesús, quien era su superior. Lo que te veo hacer, me faculta para hacerlo.

Y a la cuarta vigilia de la noche, Jesús fue a ellos caminando sobre el mar. Y cuando los discípulos lo vieron caminando sobre el mar, se turbaron, diciendo: Es un espíritu; y gritaron de miedo. Pero enseguida Jesús les habló, diciendo: Anímate; esto soy yo; No tengas miedo. Y Pedro le respondió y dijo: Señor, si eres tú, pídeme que venga a ti en el agua. Y él dijo: Ven. Y cuando Pedro bajó del barco, caminó sobre el agua para ir a Jesús (Mateo 14: 25- 29).

Peter hizo una solicitud audaz que iba en contra del conocimiento y la experiencia. Peter, por oficio, era un pescador, y entendió que caminar sobre el agua no es una opción lógica. Su mejor apuesta era permanecer en el bote como los demás. El bote representaba el lugar del conocimiento, la comodidad y la seguridad. Hizo una solicitud sin precedentes, "pídeme que deje todo lo que sé, mi empresa y lo que tiene sentido". Mire la hora en que Jesús eligió caminar sobre el agua hacia sus discípulos. Y el bote ya estaba a una distancia considerable de la tierra, sacudido por las olas porque el viento estaba en contra. Cuando el viento de la vida esté en tu contra, ¡regocíjate! Las probabilidades en contra de ti gritan: el milagro está a la mano, toque. Prepárese para hacer algunas peticiones locas. Renueva tu mente con esta verdad, tu creencia de quién es Dios, queda demostrada por tus declaraciones y acciones. Es por eso que aquellos que piensan que tienen un rol presente o futuro trivial, siempre actuarán de manera insignificante.

Peter aprovechó el momento de expansión mental. Fue transportado por la fe y la voluntad de ser diferente de ser un jinete a un andador. Mira de cerca, la atmósfera era rica y cargada de milagros, pero de la compañía de los discípulos, solo Pedro lo capturó. Renuevemos nuestras mentes de esta manera: es más fácil esperar en la luz al final del túnel, pero eso es demasiado predecible. ¿Por qué no encender una lámpara en el túnel? El túnel es lo que hacemos que sea. Puede ser el lugar de la soledad, la incertidumbre, la depresión y el caos. O podemos transformarlo en un lugar de nuevos comienzos, el lugar donde la creatividad se encuentra con la oportunidad, o donde lo sobrenatural se manifiesta en el ámbito natural. La escalera del éxito puede no ser fácil, pero vale la pena subirla. No dejes que nada ni nadie te impida perseguir el éxito que te espera.

CLAVES DE RENOVACION MENTAL

En este capítulo sobre "La escalera del éxito" hemos compartido algunas claves de Renovación mental para ayudarlo a convertirse en una mejor persona. Aquí hay un resumen de estas claves que puede aplicar a su vida diariamente o según surjan las circunstancias. Lee y medita en ellos. Ora y declara sobre tu vida caminar en la victoria que Dios ha preparado para ti.

1. Ni la multitud ni las noticias son tu brújula, fluye en la dirección de tu destino.
El
2. Si vas a envidiar a alguien, no comiences con su éxito sino con su dolor. Nunca olvides esto, hasta que estés preparado para desear el sufrimiento que precede a la gloria, entonces cállate.
3. Deja de esperar que todos celebren tu éxito.

4. Los que se van pueden no ser malas personas. Simplemente no están equipados para manejarlo con éxito en este nivel.
5. El éxito viene con bendiciones y peso.
6. El éxito no es fruto de accidentes.
7. No dejes que el silencio de la masa te quite la lengua de los deseos extraordinarios.
8. Es más fácil esperar en la luz al final del túnel, pero eso es demasiado predecible. ¿Por qué no encender una lámpara en el túnel? El túnel es lo que hacemos que sea.

CAPÍTULO 10:
UN MEJOR YO

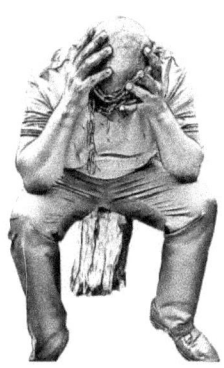

"Haz a los demás como te gustaría que te hicieran a ti".
— (Mateo 7:12, NVI).

Ahí estás, sentado, fatigado, sintiéndote descompuesto y como un fracaso. Esto no estaba en el presupuesto. ¡Dos años en el matrimonio y ahora oficialmente ha terminado! Si él / ella era una mejor persona, ayudaba con los niños, prestaba más atención, recordaba nuestro aniversario y mi fecha de nacimiento, si solo su familia permanecía fuera de nuestros asuntos, y solo si manejaba mejor nuestras finanzas, entonces Aún estaríamos casados. En esta nuestra búsqueda de renovación mental, evitemos la tentación de estar tan ocupados viendo las fallas del otro que comenzamos a vernos a nosotros mismos como ángeles. Es hora de que hagamos una introspección. ¿Cuál fue su contribución a la desaparición de la relación, ya sea un matrimonio, un trabajo o una amistad? El fallecido estrella del pop Michael Jackson lo cantó de esta manera:

> Estoy empezando con el hombre en el espejo Le estoy pidiendo que cambie sus formas
> Y ningún mensaje podría haber sido más claro Si quieres hacer del mundo un lugar mejor Mírate a ti mismo y luego haz un cambio.

¿Cómo puedo ser un mejor yo? Un mejor yo, no es descabellado, sino uno confinado en la parte más profunda de mi ser. Mientras buscaba un mejor yo, me enfrenté a algunas pautas simples pero poderosas. Comenzó un año a medida que se acercaba el Año Nuevo, y en boca de muchos estaban las resoluciones de Año Nuevo. Pensé en lo que debería ser, habiendo vacilado en mis muchos intentos anteriores. Entonces decidí, Mateo 7:12, "Por lo tanto, todo lo que quisieras que los hombres te hicieran, hacedlo aún a ellos, porque esta es la ley y los profetas".

Esto me obligó a mirar las cosas que personalmente odiaba o las cosas que no quisiera que me hicieran. Mi lista fue larga. Tómese el tiempo para escribir su lista. No quisiera ser engañado, mentido, mentido, maltratado, no recibir mi debido honor y la lista continúa. Ahora, debo hacer lo mismo con toda la humanidad que se cruza en mi camino. Desde esa resolución de Año Nuevo, no he hecho otra porque todavía estoy trabajando en esa. A medida que renovamos nuestras mentes, cambiemos el mundo una persona a la vez, comenzando por ti mismo. El cantante de reggae Jah Cure en su famosa canción, "Prison a Nuh Bed a Rose" dijo: "Juro que puedo ser un hombre mejor".

Un mejor tú, significará fallar y reiniciar. Veamos cómo lo dijo el apóstol Pablo en Romanos 7:21, "Entonces encuentro una ley, que cuando tengo la voluntad de hacer el bien, el mal está presente conmigo". Pablo dejó muy en claro que no eres naturalmente bueno y que lo bueno que se ve en ti requerirá intención y dedicación. Para mejor superar el mal que eres, la renovación mental es imprescindible. Al desafiarnos a nosotros mismos para mejorar, tendremos fracasos y éxitos.

Después de que Pedro declaró categóricamente antes de la crucifixión de Jesús que nunca lo negaría. Jesús le dijo: "Pedro, antes de que el gallo cante tres veces, me negarás". Además, Jesús dijo: "Y el Señor dijo: Simón, Simón, he aquí, Satanás ha deseado tenerte, para que pueda tamizarte como trigo; pero he orado por ti, para que tu fe no falle; y cuando seas convertido fortalece a tus hermanos" (Lucas 22: 31-32). Jesús estaba tratando de hacer que Peter viera que, aunque deseaba hacer el bien, el mal lo alcanzaría. Cuanto mejor cedas, más débil eres. Las palabras de Jesús se cumplieron. Peter lo negó tres veces. Pero aunque Peter falló, no se estrelló en el obstáculo. El mismo Peter se convirtió en un fiel seguidor de Cristo muriendo la muerte de un mártir. Esto se relata en la "Cronología increíble de la Biblia con la historia mundial".

Simón, llamado Pedro por Cristo, murió 33-34 años después de la muerte de Cristo. Según el Diccionario Bíblico de Smith, hay evidencia satisfactoria de que él y Pablo fueron los fundadores de la iglesia en Roma y murieron en esa ciudad. El tiempo y la manera del martirio del apóstol son menos seguros. Según los primeros escritores, murió aproximadamente o al mismo tiempo con Pablo, y en la persecución neroniana, 67 d. C. 68. Todos están de acuerdo en que fue crucificado. Orígenes dice que Peter se sintió indigno de ser ejecutado de la misma manera que su Maestro y, por lo tanto, a petición suya, fue crucificado con la cabeza hacia abajo.

Pedro, después de la muerte y resurrección de Jesús, se convirtió en una mejor persona. A veces se necesita la muerte de alguien o algo para que nos descubramos. Para algunos es la muerte de un trabajo, riqueza, matrimonio o salud. En el caso del profeta Isaías, fue después de la muerte del rey Uzías, cuando vio al Señor alto y elevado. ¿Qué es lo que necesita morir para que puedas ser mejor? ¿Es tu orgullo, arrogancia o vanidad? Mientras buscaba el desenmaraño del mejor yo, llegué a un acuerdo con la importancia del perdón rápido. El perdón rápido es rechazar la oportunidad de supurar males y sentimientos negativos. El empresario John Rampton cita lo siguiente como una herramienta para convertirse en un mejor tu.

Practique el perdón: Joyce Marter, LCPC, sugiere que perdone y deje de lado el resentimiento. Ella señala: "Si no es por otra razón que por ti mismo, perdona por liberarte de las experiencias negativas del pasado. Tómese el tiempo para meditar y agradezca la sabiduría y el conocimiento adquiridos de su sufrimiento. Practica el mantra: "Te perdono y te libero".

Creo en hablar conmigo mismo y te recomiendo que hagas lo mismo. Reproduce las conversaciones de ayer. Hágase preguntas como: ¿qué puedo hacer hoy que no se hizo ayer? ¿Manejé bien ese argumento? ¿Fui justo en mi valoración? Antes de presentar este informe, ¿estoy diciendo toda la verdad? Si no fuera yo, ¿me gustaría casarme? Del mismo modo, si fuera mi hijo, ¿me querría como padre / madre? ¿Soy un buen vecino, un buen amigo? Nos convertimos en el "mejor nosotros" cuando podemos ser honestos con nosotros mismos acerca de lo positivo y lo negativo.

Para convertirte en un mejor tú, tendrás que abordar los problemas que se han ocultado en tu armario de desagradables. Estos podrían ser daños no resueltos, problemas de sumisión, envidia en las relaciones, inseguridades, amor por la malicia, mentir, ser rebelde y puede agregar su verdad individual a esta lista. Para ser un mejor tú, deja de proyectar el dolor de las relaciones fallidas hacia los inocentes. Deja de usar la tarjeta de la víctima.

Para convertirte en un mejor tú, debes asumir la responsabilidad de tus acciones, ya sean buenas o malas. Mire esto, artista de reggae jamaicano, Shaggy hizo una canción que representa la irresponsabilidad que fue directamente a la cima de las listas. Fue popular entre los jóvenes y la población en general.

Mira las palabras [Pre-Coro: Rikrok y (Shaggy)]

Pero ella me atrapó en el mostrador (no era
yo), Me vio golpeando en el sofá (no era
yo), Incluso la tuve en la ducha (no era yo),
Ella incluso me atrapó en la cámara (no era yo),
Ella vio las marcas en mi hombro (no era yo), Escuché
las palabras que le dije (no era yo) Escuché el grito
cada vez más fuerte (no era yo), Ella se quedó hasta
que terminó.

Del mismo modo, en el relato de David y Betsabé, vemos que el Rey no se hace responsable de sus acciones pecaminosas (2 Samuel 11). Al igual que Shaggy, David decía: "no fui yo". Él cambió de responsabilidad y al encubrirlo, fue llevado a un mayor pecado. Analicemos las acciones de David que reflejan cómo la irresponsabilidad puede conducir a un mayor pecado.

1. *Participó de lo que no era legalmente suyo.* Después de que David se enteró de que Betsabé estaba casado, la historia debería haber terminado abruptamente. Sin embargo, él procedió y tuvo relaciones sexuales con ella. Su estado civil la hizo ilegal para él. Cuanto mejor aborrezcas el adulterio.
2. *Se negó a hacerse responsable del embarazo.* David recibió información de que Betsabé estaba embarazada y envió a buscar a su esposo desde el campo de batalla. A primera vista, esto parece una acción honorable. Un hombre lleno

de arrepentimiento y necesita confesarse. Pero el engaño prevaleció.

3. *Tenía la intención de pervertir el curso de la justicia.* "Y David dijo a Urías: Baja a tu casa y lávate los pies" (2 Samuel 11: 8b). Esta instrucción fue incrustada con la falsificación.
4. *Era hipócrita en su amistad y aprecio.* "Y Urías salió de la casa del rey, y le siguió un desastre de carne del rey y cuando David lo llamó, comió y bebió delante de él; y lo emborrachó" (2 Samuel 11: 13a). Los regalos de David no eran genuinos, ya que provenían de un corazón contaminado. ¿De dónde viene tu regalo? Debemos tener cuidado, no todos los paquetes bien embalados están destinados a nuestro bien. David no solo trató de sobornar a Urías con las bromas de su esposa, sino que lo embriagó, en un esfuerzo por que no se concentrara o pensara lógicamente. Esto lo llevaría a irse a casa y tener relaciones sexuales con su esposa. Intentó manipular el proceso de pensamiento y toma de decisiones de Uriah solo para salirse con la suya. Debes tener cuidado con los manipuladores. Están en todas partes y vienen en diferentes formas. A medida que renueve su mente para convertirse en un mejor yo, asegúrese de que el lugar desde donde da sea genuino. Rechace la oferta de ser nombrado entre manipuladores desviados.
5. *Fracasó en dar honor donde se merecía honor.*

Urías le expresó a David que no puede entrar para tener una relación sexual con su esposa sabiendo que el Arca de la Alianza y sus compañeros soldados están en guerra. Urías mostró lealtad y gran honor. Sin embargo, David lo deshonró. Al renovar nuestras mentes, asesinemos nuestros deseos egoístas y demos honor donde es debido.

6. *Él tramó la muerte de los inocentes.* David falló en manipular a Urías en la paternidad con los ojos vendados. Luego orquestó la muerte de un soldado más leal que él. Urías fue asesinado no por un delito cometido, sino porque era un soldado comprometido y leal. David el Rey no pudo hacer el bien.

Con base en estas seis consecuencias, ¿cuál fue el mayor pecado, tener relaciones sexuales con la esposa de otro hombre o no asumir la responsabilidad de su embarazo o matar al hombre para ocultar su fechoría? Para convertirse en un mejor tu, un buen lugar para comenzar es adoptar la filosofía de que "si no puede poseerlo, no lo haga". La tendencia a echar la culpa de nosotros mismos, incluso cuando somos culpables, es motivo de gran preocupación. En Génesis capítulo tres, Adán culpó a Eva y a Dios, y Eva culpó a la serpiente. Algunos culpan al sistema, a los padres, al país donde nacieron, a las tensiones económicas y a todo, excepto a ellos mismos. Solo podemos crecer al reconocer nuestros errores. Para ser un mejor tú, aprende de tus errores y avanza en gracia. Durante años, luché con procrastinar, pero nunca obtuve la victoria hasta que reconocí mi problema y comencé a trabajar en su contra. Las enseñanzas del autor Wayne Dyer sobre la culpa son notables si quieres ser un mejor tú.

Toda culpa es una pérdida de tiempo. No importa la cantidad de culpa que encuentres con otro, e independientemente de cuánto lo culpes, no te cambiará ... Por lo general, poner excusas es algo que podemos evitar, en lugar de desafiarnos o cambiarnos a nosotros mismos. Si quiere cambiar y quiere que su vida funcione a un nivel que nunca antes había tenido, entonces asuma la responsabilidad.[2]

[2](Na-tur-al-A-wa-ken-ing-Mag--.-com, sept. 2009).

Al asumir la responsabilidad, tenemos la tarea de autocontrol. Debemos proteger las puertas de nuestro cuerpo. Para David, su ojo no estaba protegido. David vio y su corazón lo engañó. Como esposos y esposas, o como alguien en una relación comprometida, verás a otras personas que son atractivas, sexys, atractivas y que parecen ser el ser perfecto. Sin embargo, debe estar comprometido con su compromiso. No te quedaste físicamente ciego el día que dijiste sí a tu pareja. En cambio, decidió asumir o activar mayores niveles de autocontrol. David vio lo que no era suyo y lo codició. A medida que renovamos nuestras mentes, no todo lo que está a nuestro alcance debe mantenerse. No toques, no pruebes y no manejes lo que no es tuyo. Esto te ayudará a convertirte en un mejor tú.

CLAVES DE RENOVACION MENTAL

En este capítulo sobre "A Better Me", hemos compartido algunas claves de Renovación mental para ayudarlo a convertirse en una mejor persona. Aquí hay un resumen de estas claves que puede aplicar a su vida diariamente o según surjan las circunstancias. Lee y medita en ellos. Ora y declara sobre tu vida caminar en la victoria que Dios ha preparado para ti.

1. Evite la tentación de estar tan ocupado viendo las faltas de los demás que empecemos a vernos a nosotros mismos como ángeles.
2. Cambiemos el mundo una persona a la vez, comenzando por ti mismo.
3. Un mejor tú, significará fallar y reiniciar.
4. Solo podemos crecer al reconocer nuestros errores.
5. Practica el perdón rápido.
6. No todo lo que está a su alcance necesita ser retenido.

7. Nos convertimos en el "mejor nosotros" cuando podemos ser honestos con nosotros mismos acerca de lo positivo y lo negativo.
8. Para convertirte en un mejor tú, deberás abordar los problemas que han estado ocultos en tu armario de bromas.
9. Asegúrese de que el lugar desde donde da sea genuino.
10. No todos los paquetes bien embalados están destinados a su bien.
11. Comprométete con tu compromise.

CAPÍTULO 11:
NO ES SOBRE TI

"No puede haber mayor regalo que dar el tiempo y la energía para ayudar a otros sin esperar nada a cambio".
-Nelson Mandela

Hace algunos años, leí el libro de Rick Warren, *The Purpose Driven Life*. No he superado la primera oración, "No se trata de ti". Este es un poderoso concepto de renovación mental que deberíamos comenzar a buscar de inmediato, no se trata solo de ti. Esto es evidente en (Éxodo 8: 5-6).

Y el Señor habló a Moisés: Di a Aarón: Extiende tu mano con tu vara sobre los arroyos, sobre los ríos y sobre los estanques, y haz que las ranas suban sobre la tierra de Egipto. Y Aarón extendió su mano sobre las aguas de Egipto, y las ranas subieron y cubrieron la tierra de Egipto (Éxodo 8: 5-6).

Dios dio instrucciones específicas. Moisés, tú eres el líder, pero no eres tú quien extiende tu mano. Puede que seas el líder, pero no eres el único barco disponible. No tengas miedo de utilizar los dones y la experiencia de los demás. No hay un "yo" en el equipo. Abstenerse de ser ese "yo" cuando lo que realmente se requiere es ese equipo. Mientras trabaja con el equipo, tenga en cuenta que la dinámica puede cambiar y dónde estaba el equipo, ahora se enfrenta al desafío de que los miembros del equipo funcionen en modo "I". Moisés, el líder, debe entender que Dios solo lo usará para demostrar las poderosas obras de Dios. No hay lugar para el orgullo o la exaltación. Si vas a ser un buen líder, debes superarte y aprender el arte de la servidumbre. Debe poder seguir las instrucciones cuidadosamente.

Lo siguiente también es cierto. Si va a caminar con el líder, debe estar dispuesto a seguir las instrucciones. Confíe en el líder que está escuchando de Dios. Aaron: "Dios dice, extiende tu mano con tu vara sobre ríos, arroyos y estanques y haz que surjan ranas". No eres el líder, pero eres relevante. ¿Quién te dijo que eras insignificante? ¿De dónde vino esa mentira? Bueno, escucha lo que dice el espíritu del Señor: "Es una mentira". Estás posicionado donde estás porque te necesitan. Tus habilidades te han introducido en el equipo. No solo estás inventando números, y si los pensamientos negativos te lo sugieren, entonces contrarresta con "¡los números eran necesarios!" Como Aaron, eres injertado en el equipo sin tu conocimiento. Cuando se te reveló la tarea, no es cuando comenzó.

Moisés y Jehová tuvieron una conversación privada y Dios redactó un borrador para Aarón. Están teniendo lugar algunas conversaciones privadas y su nombre se menciona de una manera que cambia la vida. El líder, Moisés, nunca será recordado por completo sin que se escuche a Aaron. Tu propósito está unido al destino del líder. Sin saber acerca de estas comunicaciones, comience a agradecer a Dios por hacer que sea el tema de discusión de una manera positiva que cambie su vida. Recordamos a Felipe y al eunuco en Hechos 8: 26-40.

Y el ángel del Señor habló a Felipe, diciendo: Levántate, y ve hacia el sur por el camino que baja de Jerusalén a Gaza, que es desierto. Y él se levantó y se fue: y, he aquí, un hombre de Etiopía, un eunuco de gran autoridad bajo Candace, reina de los etíopes, que tenía el cargo de todo su tesoro y había venido a Jerusalén para adorar, estaba regresando y sentado en su carro lee a Isaías el profeta. Entonces el Espíritu le dijo a Felipe: Acércate y únete a este carro. Y Felipe corrió hacia él, y lo oyó leer al profeta Esaias, y dijo: ¿Entiendes lo que lees? Y él dijo: ¿Cómo puedo, excepto que algún hombre me guíe? Y deseaba que Philip viniera y se sentara con él. El lugar de la escritura que leyó fue este: fue llevado como una oveja al matadero; y como un cordero tonto delante de su esquilador, así abierto no abrió su boca: En su humillación, su juicio fue quitado: ¿y quién declarará su generación? Porque su vida es tomada de la tierra. Y el eunuco respondió a Felipe y dijo: Te ruego,
¿de quién habla esto el profeta? de sí mismo o de algún otro hombre? Entonces Felipe abrió la boca, comenzó con la misma escritura y le predicó a

Jesús. Y mientras seguían su camino, llegaron a cierta agua; y el eunuco dijo: Mira, aquí hay agua; ¿Qué me impide ser bautizado? Y Felipe dijo: Si crees de todo corazón, bien puedes. Y él respondió y dijo: Creo que Jesucristo es el Hijo de Dios. Y ordenó al carro que se detuviera; y ambos descendieron al agua, tanto Felipe como el eunuco; Y lo bautizó. Y cuando salieron del agua, el Espíritu del Señor arrebató a Felipe, para que el eunuco no lo viera más; y siguió su camino regocijándose. Pero Felipe fue encontrado en Azoto: y pasando por él predicó en todas las ciudades, hasta que llegó a Cesarea (Hechos 8: 26-40).

El eunuco tenía una situación. Estaba leyendo sin entender. Deseaba conocimiento pero lo evadió. Un gran principio de renovación mental es: "tu situación no es ajena a Dios. Él conoce tu crisis y conoce la solución ". Sin darse cuenta de él, el Señor ya había hablado con Phillip, con su situación en mente. Incluso sin que lo sepas, tu victoria ya se está implementando. Para ti, parece que no hay ningún avance cercano, pero lo que no ves es la mano orquestadora del Señor, tu Dios. Tu vida está en la mano de Dios. No necesitarás perseguir todo lo que deseas. La verdad es que tu deseo activa los cielos para comenzar a manipular las cosas para tu beneficio. Cuales son tus deseos La palabra de Dios dice: "Bienaventurados los que tienen hambre y sed de justicia, porque ellos serán saciados" (Mateo 5: 6).

Hay algunas cosas que busca y otras que Dios permite ubicarlo. Phillip recibió instrucciones divinas para retirarse de donde estaba y bajar al desierto. ¡No importa cuál sea el nombre de tu desierto actual, Dios encargará la victoria que tiene para ti, para encontrarte! No te enojes tanto con este desierto financiero, marital y emocional por el que has estado pasando. Dios está enviando ayuda justo donde estás. Podría haber interceptado al eunuco fuera del desierto. El Dios al que servimos sabe dónde estamos y entrará en nuestras situaciones. Lo hizo por los tres niños hebreos que Nabucodonosor arrojó al fuego en Daniel 3. Dios no impidió que fueran arrojados al fuego, pero apareció en el fuego y los salvó.

Dios permitió que Phillip estuviera en el lugar correcto en el momento correcto, para poder ver al Eunuco. El Dios a tiempo no te permitirá perder tu tren. Renueve su mente con esto: "Dios es intencional". El tren que pasó antes que tú no era tuyo. Dios te reservó para lo mejor que está por venir. Solicitaste el trabajo. La entrevista fue genial. Cumplió con todos los requisitos de calificación y experiencia, pero no fue llamado. ¿Por qué? No era tu tiempo. Estás calificado pero fuera de tiempo.

Recientemente volé a Miami. Nuestro vuelo llegó antes de lo previsto y tuvo que hacer tres círculos. No se permitió el aterrizaje del avión porque llegó temprano y el tráfico era pesado. El tiempo es importante. Mire el tiempo del libro de Rut 1:22, "Entonces Noemí regresó, y Rut la Moabita, su nuera, con ella, que regresó del país de Moab: y llegaron a Belén al comienzo de la cosecha de cebada." Noemí y su esposo y sus dos hijos se fueron de Judá porque hubo una hambruna. Se mudaron a

Moab, donde murió su esposo, sus hijos se casaron y también murieron. Ella escuchó que el Señor había recordado a Judá y decidió regresar a casa. Ella viajó y llegó a Judá no en el momento de la siembra sino en el momento de la cosecha.

En el caso del eunuco, Dios le ordenó a Phillip que se uniera a la compañía del eunuco. Debes llegar a un entendimiento de que no puedes dictarle a Dios de dónde o de quién debe venir la ayuda. El eunuco no viajaba solo. Sin embargo, ninguno de sus compañeros pudo ayudar. Sepa esto, Dios puede enviar ayuda desde fuera de su círculo. Deja de limitar tus expectativas de Dios. El es Dios. Estaba en Trinidad en un supermercado y el Espíritu Santo me habló. Me indicó que pagara los comestibles que la persona que tenía delante cobraba. No conocía a la persona, pero Dios no solo conocía a la persona, sino también su situación.

A medida que renueve su mente sabiendo que no se trata de ti, no debe creer que siempre estará en el lado receptor. Dios me usó, un extraño, para bendecir a ese comprador. Deja de estar molesto porque la persona a la que ayudaste no ha correspondido. Esa persona fue tu tarea. Podrías ser su animadora. Sepa lo que es para cada persona que conoce y lo que son para ti.

SU TAREA

Phillip sabía lo que el eunuco no sabía. El eunuco era su tarea. Puede trabajar su tarea sin transmitirla. Mantente cerca de tu tarea. El eunuco invitó a Phillip a sentarse con él. Cuando la oportunidad llama, patea la puerta. Captura la mano extendida. No hay necesidad de sobornar, mentir o luchar contra alguien que ya está muy cerca. Sepa esto, si Dios le dio la tarea, no tiene que forzar su entrada y la puerta se le abrirá en el momento adecuado. El Dios que te envió en la tarea hará que los ojos de los que tienen autoridad se fijen en ti.

Su tarea provoca cambios. Primero, corría a su lado, pero ahora viaja con él. Nunca serás el mismo después de haber realizado una tarea. La obediencia es la raíz del éxito. Note lo que sucedió en Hechos 8: 36-39.

> Y mientras seguían su camino, llegaron a cierta agua; y el eunuco dijo: Mira, aquí hay agua; ¿Qué me impide ser bautizado? Y Felipe dijo: Si crees de todo corazón, bien puedes. Y él respondió y dijo: Creo que Jesucristo es el Hijo de Dios. Y ordenó al carro que se detuviera; y ambos descendieron al agua, tanto Felipe como el eunuco; Y lo bautizó. Y cuando salieron del agua, el Espíritu del Señor arrebató a Felipe, para que el eunuco no lo viera más; y siguió su camino regocijándose (Hechos 8: 36-39).

En el desierto, vemos agua, en tal cantidad que el

bautismo fue posible. No sé si el agua estuvo allí antes o si permaneció después, pero sabemos que estaba allí cuando se acercaron. No se deje llevar por el dónde y cómo de la provisión, trabaje. Haz lo que dice el viejo proverbio: "bebe la leche y no cuentes la vaca". Es imprescindible saber cuándo se completa una tarea. A medida que renovamos nuestras mentes, propongámonos nunca sobrecargar una tarea.

ACTOS DESINTERESADOS

En el libro de Rut, vemos a Noemí a su regreso a su tierra natal, diciéndoles a sus anfitriones: "No me llamen Noemí, llámenme Mara, porque el Señor me ha tratado con amargura". Noemí habló desde el lugar del dolor por haber perdido a su esposo, dos hijos y una nuera. Fue despojada de lo que era precioso para ella. Todo lo que le quedaba era Ruth, su nuera más joven. En Rut, capítulo 3, versículo 1, vemos a Naomi despojada diciéndole a Rut su nuera: "Hija mía, ¿no buscaré descanso para ti para que te vaya bien?" Al renovar nuestras mentes, debemos llegar al lugar donde los errores que nos han hecho o las situaciones o circunstancias negativas no nos impiden o nos impiden ser una bendición para alguien. Al hacerlo, llegamos a un lugar de madurez para que, a pesar de nuestros propios fracasos, busquemos la mejora de los demás.

El estímulo de actuar desinteresadamente se repite en Filipenses 2: 3 "que no se haga nada a través de la lucha o la vanagloria, pero en humildad, cada uno se estima mejor que el otro". Estamos viviendo en una sociedad que nos dice como dice el proverbio jamaicano: "tu hombre cuídate", en otras palabras, somos yo, yo y yo. Necesitamos cambiar esto a medida que renovamos nuestras mentes. Romanos 12:10 nos dice que debemos ser amablemente cariñosos unos con otros en amor fraternal; en honor prefiriéndose el uno al otro. A veces, somos tan egoístas que nos dolería pensar en otros, excepto en los miembros de la familia y los asociados. Pero alguien dijo una vez, "el desinterés no termina en amar a nuestra familia y amigos".

Las Escrituras nos dicen que extienda esto incluso a nuestros enemigos. Jesús se ofreció voluntariamente al dar Su vida para que podamos vivir y tener comunión con Él, ese fue el acto más desinteresado. "Nadie puede quitarme la vida. Lo sacrifico voluntariamente" (Juan 10:18, NTV). Nos pide que hagamos lo mismo al dar nuestro tiempo y recursos para ayudar a otros. En mi opinión, una de mis mayores satisfacciones y alegrías al hacer un acto amable es ver una necesidad satisfecha y ver una sonrisa en la cara cuando se da un toque suave y se pronuncia una palabra amable. Creo que trae alegría al corazón de mi Padre porque lo que hacemos por los demás lo hacemos a él.

EL ACTO DESINTERESADO DE DAVID

Mientras lees el libro de 1 Samuel que comienza en el capítulo 13, ves al hijo mayor del rey Saúl, Jonathan. Se hizo muy cercano a David, un sirviente de su padre. El rey Saúl deseaba matar a David, pero Jonathan salvó a su amigo y lo ayudó a escapar. Jonathan sabía que algún día David heredaría el trono que él mismo debería haber heredado, pero su alma estaba unida a David de tal manera que no importaba. Jonathan no sabía que, después de su muerte, su hijo Mefiboset sería un invitado permanente en la mesa del rey David. Mefiboset quedó paralizado después de que su enfermera lo dejó caer cuando ella trató de salvarle la vida. Por favor renueve su mente con esta verdad, no todos los malos resultados se originaron en una mala intención. Tómese el tiempo necesario para revisar la intención. David fue amable con Mefiboset solo porque Jonatán hizo un acto desinteresado. Sacrificó su herencia para salvar la vida de David de las manos de su padre rechazado por Dios, Saúl.

Realmente no has vivido hasta que hayas hecho algo por alguien que nunca puede pagarte. Así que déjanos vivir. No necesitas razones para ayudar al pueblo de Dios. Hazlo y no esperes nada a cambio. Cuando das a otros, en realidad estás prestando a Dios (Proverbios 19:17). Un acto desinteresado puede cambiar el curso de las generaciones. Un acto de bondad puede provocar un mal funcionamiento del plan del enemigo contra ti. Un acto desinteresado puede mover la mano de Dios en su nombre y posicionarlo para la grandeza (y la grandeza aquí significa cumplir con los mandatos / tareas que Dios le dio).

MOTIVOS

Para ser un mejor tú, examina detenidamente tus motivos. Cierto hombre se bautizó y comenzó a llorar en el agua. Muchas personas creían que era el espíritu de Dios moviéndose sobre él. Sin embargo, lo que no sabían era su motivo o razón para llorar. Había tenido una aventura con una dama del coro. Cuando la miró sabiendo que era bueno, pero ya había terminado, lloró. Ella comenzó a llorar y la iglesia pensó que estaba feliz por él. Cual es tu motivo?

Un significado simple de "motivo" es la razón para hacer algo. A sabiendas y sin saberlo, tenemos motivos como individuos y ni siquiera nos damos cuenta. ¿Por qué hacemos las cosas que hacemos? Debemos entender que todo lo que hacemos es impulsado por un motivo primario y otro secundario, e incluso uno terciario. ¿Por qué asistes a la iglesia a la que vas? Te comprometes a estar presente en la mayoría de las reuniones, ya sea domingo, sábado, entre semana, etc. ¿Cuáles son tus motivos? A medida que renovamos nuestras mentes y progresamos para ser mejores personas, no podemos evitar mirar nuestros motivos.

Hay motivos genuinos y no genuinos. Los motivos no genuinos están envueltos en el egoísmo. Los motivos genuinos se encuentran fuera de los parámetros del yo. Cuando tus motivos no son agradables, llevas un resplandor, un reconocimiento que no se puede ocultar. El egoísmo es lo que te oculta de tus ayudantes de Destiny y tu propósito.

En el libro de Rut, vemos motivos genuinos en su

mejor momento. Ruth fue a recoger en un intento de mantenerse a sí misma y a su suegra. El motivo de Ruth era mantener a su suegra. Ella se negó a dejar que la anciana saliera a trabajar. Su motivo la llevó a hacer lo que estaba reservado para los pobres. Este es el acto de cosechar los cultivos restantes de los campos después de que los plantadores los hayan cosechado.

Motivos genuinos lo llevarán a poner a otros antes que a ti. Booz ordenó que se permitiera a Ruth no solo en los bordes sino en todo el campo. Booz, en otras palabras, dijo "no estás en el lugar que has ganado". El sistema dicta que estés en el límite, sin embargo, te has ganado un lugar en el lote principal debido a tus buenos motivos. Sus buenos motivos producirán cambios importantes en su vida.

Cuando oramos por cosas con motivos equivocados, nuestras oraciones quedan sin respuesta. Sé verdadero y real con Dios. Él ya sabe lo que pensamos antes de preguntar. Esto es lo que requiere. Muchas de las lágrimas y la fiesta de lástima que embellecemos no son necesarias. Lo que necesitamos es el "escudo de la fe". Levantarse alto y evitar los dardos de duda y miedo que nos llevan a mezclarnos en motivos equivocados. En Efesios 6, el escritor habla del escudo de la fe como parte de toda la armadura de Dios. La armadura de Dios es la Palabra de Dios.

Puedes tener el motivo correcto y aún cometer un pecado o cometer un error. El motivo correcto en la desobediencia no es excusa. En Juan 6:26 "Jesús les respondió y dijo: De cierto, de cierto te digo, que me buscas, no porque hayas visto los milagros, sino porque comiste de los panes y te saciaste".

Aquí, Jesús abordó el tema del motivo. Jesús no fue engañado por la multitud que lo buscaba. Él vio a través de ellos. Él vio su motivo. Esto vino después de que Jesús multiplicó el pescado y el pan y alimentó a 5000 hombres más mujeres y niños. ¡Qué gran milagro, notable! Jesús dijo, esa no es la razón por la que estás buscando mi compañía. Es porque estabas lleno. No buscaban a Jesús mismo. Jesús nos enseñó una poderosa lección: no te dejes llevar por la multitud.

Que Dios nos ayude a tener los motivos correctos en todo lo que hacemos y decimos. El enemigo querrá que pensemos lo contrario, pero tendremos que decirle que es el padre de las mentiras. El motivo principal habla de la razón principal y verdadera detrás de nuestras acciones. En el caso mencionado en San Juan 6, su motivo principal era su barriga. Una hija espiritual mía, Stacey Garvey compartió lo siguiente:

Pensé una vez cuando compartí una visión de mi predicación a alguien, y de lo único que podía hablar era de lo que llevaba puesto y lo bien que me veía. Mi amigo luego preguntó si esa era la razón por la que estaba entusiasmado con la visión o porque Dios me estaba usando. Esa cosa causó una profunda reflexión tanto que entré en un tiempo de arrepentimiento por mis motivos hacia el Evangelio de Jesucristo. Estaba equivocado. Solo quería la gloria y no a Dios.

Hubo un período de tiempo en mi vida en el que solía buscar a Dios solo para ayudarme con mis problemas. Solo ayunaría cuando tuviera problemas. Entonces, un día escuché una canción "Te entrego todo a ti, sin retener nada. "Mi espíritu comenzó a llorar hasta que mi cuerpo físico lloró ante Dios. Todo este tiempo como cristiano no tenía amor por Jesús. Fui ante Dios y recé y él me enseñó el amor. Dios me permitió amarlo de tal manera que mis problemas se volvieron inferiores. Amaba tanto a Dios que estuve dispuesto a sufrir por él. Aprendí que la paciencia era un regalo y lo acepté.

Ahora cuando ayuno es para una relación con Dios. Él ya dijo en su palabra que suplirá todas nuestras necesidades. Así que ahora mi motivo para ir a la iglesia, ministrar y servir a Dios es solo amor. Ahora, quiero compartir las buenas noticias de cómo lo encontré y me enamoré de Él para que otros también lo amen y quieran estar con Él.

A medida que persigue la Renovación de la mente con la conciencia, "No se trata de ti". Examina cuál es tu motivo. ¿Está Dios complacido con tu motivo o necesitas adaptarte? ¿Estás siendo egoísta?

CLAVES DE RENOVACION MENTAL

En este capítulo sobre "No se trata de ti", hemos compartido algunas claves de Renovación mental para ayudarlo a convertirse en una mejor persona. Aquí hay un resumen de estas claves que puede aplicar a su vida diariamente o según surjan las circunstancias. Lee y medita en ellos. Ora y declara sobre tu vida caminar en la victoria que Dios ha preparado para ti.

1. No se trata solo de ti.
2. Los buenos líderes son los primeros sirvientes.
3. Tu situación no es ajena a Dios. Él conoce tu crisis y conoce la solución.
4. No puedes dictarle a Dios de dónde o de quién debe venir tu ayuda
5. Sepa esto, si Dios le dio la tarea, no tiene que forzar su entrada y se le abrirá la puerta en el momento adecuado.
6. No se deje llevar por el dónde y cómo de la provisión, trabaje.
7. Es imprescindible saber cuándo finaliza una tarea. Propósito de nunca sobrecargar una tarea.
8. Debes llegar al lugar donde los errores cometidos o las situaciones o circunstancias negativas no te impiden ser una bendición para alguien.
9. Realmente no has vivido hasta que hayas hecho algo por alguien que nunca puede pagarte. Así que déjanos vivir.
10. El egoísmo es lo que te oculta de tus ayudantes de Destiny y tu propósito.

CAPÍTULO 12:
¿CUÁL ES TU REALIDAD?

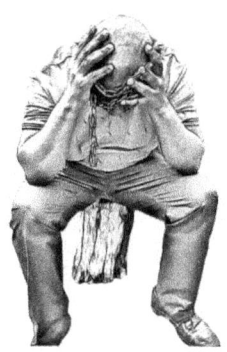

"Abstenerse de concluir el fracaso donde no ha explorado".

—Leostone Morrison

La grande pregunta es : ¿cuál es tu realidad? Según el English Oxford Living Dictionary, "la realidad es el estado de las cosas tal como realmente existen, en oposición a una idea idealista o nocional de ellas". Según la definición, nuestra realidad es lo que realmente existe en la existencia actual. A medida que renueve su mente, debe hacerse una diferenciación firme entre las realidades temporales y permanentes. La situación y las circunstancias actuales o actuales no deben confundirse con ser su única realidad. Las situaciones son una realidad temporal y no deberían eclipsar las realidades permanentes.

SUICIDIO

El suicidio es el acto de suicidarse o terminar con la propia vida. Es una decisión de finalidad. Hay siete casos registrados en la Biblia del suicidio, pero citaremos dos.

1. Judas (Mateo 27: 3-5): Entonces Judas, que lo había traicionado, cuando vio que estaba condenado, se arrepintió y trajo nuevamente las treinta monedas de plata a los principales sacerdotes y ancianos, diciendo: Tengo pequé porque he traicionado la sangre inocente. Y dijeron, ¿qué es eso para nosotros? Mira eso. Y arrojó las piezas de plata en el templo, y partió, y fue y se ahorcó.

2. Sansón (Jueces 16:30): Y Sansón dijo: Déjame morir con los filisteos. Y se inclinó con todas sus fuerzas; y la casa cayó sobre los señores, y sobre toda la gente que estaba allí. Así que los muertos que mató a su muerte fueron más de lo que mató en su vida.

El suicidio como se ve en los ejemplos bíblicos no es un fenómeno nuevo. No discrimina Independientemente de la raza, edad, ubicación o posición, el suicidio es la elección de algunos. Judas fue discípulo de Jesús y

Sansón fue juez de Israel, pero ambos se suicidaron. A diferencia de muchas víctimas de suicidio, Davion Johnson, de 13 años, un ex alumno de la Escuela Secundaria Belmont en Jamaica, hizo un video y lo publicó en las redes sociales. El siguiente es el registro literal de sus palabras finales.

¡Bienvenidos! Este es mi primer video que hice sobre *por qué me suicidé.*

Probablemente ya sepa que estoy muerto, o tal vez me salvé y estoy en el hospital. Independientemente de lo cual, no estoy seguro, pero nunca quiero ser salvado de nuevo.

La primera vez que intenté suicidarme, nunca quise ser salvo. Me permití ser salvado porque no podía soportar el dolor.

La razón # 1 por la que me suicidé es que me tomo los insultos muy en serio. Por ejemplo, cuando alguien dice que actúo como un idiota, como decía siempre mi tía Joy, tomo su declaración en serio y me hace sentir muy mal. Cada vez que trato de ser amable, simplemente no funciona.

Nunca me gusta cuando la gente me insulta, especialmente mi tía Joy, que casi todos los días se quejaba de mí.

La razón # 2 por la que me suicidé es porque mi trabajo escolar es muy duro y estoy seguro de que no aprobaré mis exámenes. Sé que si no apruebo no podré ir a la escuela, así que no tiene ningún sentido intentarlo cuando no obtenga una buena calificación.

Muchas veces me intimidan en la escuela. Yo también pelearía. He dejado de pelear ahora. Solo una pelea en la que me metí cuando estaba en Belmont High en primer grado.

A veces odio estar en el autobús escolar ya que los niños siempre actúan como idiotas y siempre me golpean en la cabeza todo el tiempo.

Desearía poder dispararles y matarlos a todos. Eso era lo que quería hacer cuando creciera por la forma en que me trataron.

Le dije: "no, es mejor que me mate, que es la mejor manera".

Debes tener cuidado con las palabras que dices a tus hijos porque también podrían tomarlo en serio y suicidarse como yo.

Más tarde ... Descansa en paz...

Sin tratar de menospreciar cómo se sintió el difunto Davion, está claro que estaba dividido entre una situación y la realidad. Si prestamos mucha atención, vemos que habló en tiempo futuro como si ya hubiera sucedido. Aunque hablaba en tiempo futuro, no estaba seguro de la realidad permanente (si estaba salvado y en el hospital o muerto). Luego dijo: *"La primera vez que intenté suicidarme, nunca quise ser salvo"*. Esto nos dice que estaba obsesionado con su realidad de estar muerto. Aunque el primer intento fracasó, nunca dejó la realidad concluida de estar muerto. No estaba hablando en función de su situación temporal, sino más bien la realidad permanente (que creó en su mente). Su realidad era que ya estaba muerto. Davion luego dijo: *"Me permití ser salvo porque no podía soportar el dolor"*.

Tenga en cuenta que el dolor no fue un elemento disuasorio, sino más bien el impulso para hacer que el cumplimiento de su realidad sea menos doloroso y completo. Se imaginó el final pero el dolor era un obstáculo. Ahora debe evadir el dolor y cumplir su realidad. Se propuso que nada impediría que su realidad se manifestara. Todos deben ver lo que ha visto. Las palabras de Davion han demostrado el dicho, "los palos y la piedra pueden romper mis huesos, pero las palabras no pueden hacerme daño", lo que es una falacia. Dijo que la razón número 1 por la que me suicidé es que me tomo los insultos muy en serio. A medida que renueves tu mente, sé consciente de esta verdad, no tienes control sobre lo que se te dice, pero la forma en que lo recibes y respondes está dentro de tu poder. Y eso es lo que importa. También debe tener mucho cuidado con las palabras que se hablan entre sí.

Un viejo dicho sabio es: "si no tienes nada bueno que decir, no digas nada". Llegó a la conclusión de que cada vez que trataba de ser amable, no funcionaba. Desarrolló una percepción negativa de sí mismo. Esto afectó su autoestima y valor. El joven Davion fue bombardeado desde muchos ángulos, como si estuviera encajonado. Fue inflexible en que no aprobaría sus exámenes. En esencia, creó la realidad del fracaso del examen incluso antes de intentarlo. Otras opciones estaban disponibles pero no fueron exploradas. Mientras busca agresivamente navegar entre la realidad forzada y la realidad genuina, evite concluir lo que no ha sido explorado. ¿Cuáles son las opciones disponibles que aún no se han explorado?

Él continuó: *"Dije," no, es mejor que me mate, que es la mejor manera "*. Tomó una decisión concertada después de procesar sus realidades. Y llegó donde comenzó: la muerte. La realidad que determinó por sí mismo fue: "Es mejor estar muerto". Antes de terminar su grabación diciendo: "Descansa en paz", advirtió a todos que tengan cuidado con las palabras que usamos para los demás. Trata a los demás como te gustaría que te trataran. Davion se vio muerto y habló de sí mismo como muerto.

Su situación temporal es donde estaba siendo intimidado, gritaba, maldecía y se quejaba casi todos los días. Davion actuó sobre su determinada realidad y se suicidó. Fue excluido de ver algo más allá de la muerte. Esta fue su decisión de finalidad; que se tenía que hacer.

A medida que nos proponemos renovar nuestras mentes, debemos diferenciar entre la realidad forzada y la realidad verdadera. Las realidades coercitivas no son permanentes, sino que consisten en elementos de cantidades y valores abrumadores. Estos son temporales pero empujan a una persona a tomar una decisión permanente. Se alimentan de las situaciones y circunstancias que se viven en el momento presente y están asociadas con sentimientos que actualmente son evidentes. Un fracaso profundo está siendo atrapado en nuestra realidad creada por nosotros mismos. Los negativos existentes son agentes de condena, que nos dicen que no hay salida. Un prisionero en el propio cuerpo es peor que un hombre encerrado tras las rejas de la prisión. Una mente atrapada tiende a internalizar cada situación, creando una visión borrosa de las posibilidades positivas. Del mismo modo, Davion estaba en tal estado y operaba dentro de un vacío que reciclaba todos los cuidados, fallas, tormentos y burlas.

Ahora, imagina estar expuesto a la pobreza desde el nacimiento, que te llaman pobre de tierra y te lanzan adjetivos como incompetente, perezoso y bueno para nada. Las palabras, los insultos y el reflejo de los pobres te devuelven la mirada. Ahora luchas con aceptar tu situación como definitiva o adoptar una vida mejor fuera de lo que aún no has visto. Muchas personas se han encontrado "atrapadas", atrapadas en las temporadas impermanentes de la vida. Estas estaciones, aunque algunas pueden durar años, son exactamente eso: ¡estacionales! Sus mentes han creado paredes que dividen la verdad de lo que hay más allá. Por otro lado está la verdadera realidad.

La verdadera realidad es lo que Dios ha dicho sobre ti. Según Romanos 8: 1, "Por lo tanto, ahora no hay condenación para los que están en Cristo Jesús, que andan no según la carne, sino según el Espíritu". Hay un plan para cada vida con detalles de cada día. La palabra de Dios dice: "Tus ojos vieron mi sustancia, pero no fueron perfectos; y en tu libro todos mis miembros fueron escritos, que en forma continua fueron formados, cuando todavía no había ninguno de ellos" (Salmo 139: 16). Esta es la realidad que una mente abarrotada no puede aceptar y perseguir. Si cada día es conocido y ya está establecido por Dios, simplemente significa que cada situación, ya sea buena o mala, es un catalizador para futuras victorias.

Aquí hay una verdad perdida: *lo que Dios dijo de ti es tu existencia presente y tu realidad.* Debemos recordar que Sus palabras no pueden volver a Él vacío. Dios dice que estás curado y los médicos dicen que tienes tres meses de vida. Dos informes, ¿a quién vas a creer? El médico habla desde su condición, desde una perspectiva médica, y Dios habla desde que todo lo sabe. Desafortunadamente, muchas personas eligen vivir en la realidad situacional porque están cegadas ante la verdad de que hay otra opción disponible. La experiencia general es una brecha significativa entre lo que Dios dice (realidad verdadera) y dónde están las personas (realidad situacional). El camino a la realidad prometida está realmente desenfrenado con batallas que se libran en la mente. Por lo tanto, la elección de derrotar la guerra interna reside en la fuerza de voluntad para entrar en la realidad de su existencia ordenada por Dios.

A medida que renovamos nuestras mentes, rechacemos la tentación de dar a luz desde el lecho de la realidad autodeterminada, sino encerrarnos en la visión de la realidad ya preparada por Dios. Seremos víctimas de confusión hasta que nuestras mentes hayan descifrado las realidades actuales y decidan el camino saludable a seguir. Se puede argumentar que lo que enfoca se convierte en elcentro de lo que se magnifica. Tienes la increíble responsabilidad de elegir con qué realidad vas a vivir. Al renovar nuestras mentes, abracemos la verdad de Dios como nuestra realidad temporal y permanente.

CLAVES DE RENOVACION MENTAL

En este capítulo sobre "¿Cuál es tu realidad?" Hemos compartido algunas claves de Renovación mental para ayudarlo a convertirse en una mejor persona. Aquí hay un resumen de estas claves que puede aplicar a su vida diariamente o según surjan las circunstancias. Lee y medita en ellos. Ora y declara sobre tu vida caminar en la victoria que Dios ha preparado para ti.

1. Las situaciones son realidades temporales y no deben eclipsar las realidades permanentes.
2. Se debe hacer una diferenciación firme entre las realidades temporales y permanentes. La situación y las circunstancias actuales o actuales no deben confundirse con ser su única realidad.
3. Sé consciente de esta verdad, no tienes control sobre lo que se te dice, pero la forma en que lo recibes y respondes está dentro de tu poder.
4. Al buscar agresivamente navegar entre la

realidad forzada y la realidad genuina, abstenerse de concluir lo que no ha sido explorado.
5. Debes diferenciar entre la realidad forzada y la realidad verdadera.
6. Una mente atrapada tiende a internalizar cada situación, creando una visión borrosa de las posibilidades positivas.
7. Rechacemos la tentación de dar a luz desde el lecho de la realidad autodeterminada, sino encerrarnos en la visión de la realidad ya preparada por Dios.
8. Seremos víctimas de confusión hasta que nuestras mentes hayan descifrado las realidades actuales y decidan el camino saludable a seguir.
9. La elección de derrotar la guerra interna descansa en la fuerza de voluntad para entrar en la realidad ordenada por Dios de su existencia.

CAPÍTULO 13:
PROPÓSITO DIVINO

"El efecto de un mal hecho a ti, depende de ti. Puedes elegir entre ser un ayudante del destino o un destructor del destino

—Leostone Morrison

No puedes renovar completamente tu mente sin reconocer la necesidad de cumplir tu objetivo principal: tu propósito divino. Es hora de pensar realmente en perseguir su propósito designado por Dios. Lo que debe apreciar es que Él no le está pidiendo que haga nada alo que no se sometió. Mire a lo que fue sometido para cumplir su propósito hacia la humanidad. Recuerde, Él tenía el poder de prevenir todo mal contra Él, pero se sometió a abusos de su propia creación. Aquellos por quienes has trabajado podrían ser tus abusadores. Si eso sucede, estás en buena compañía.

LEOSTONE

Para cumplir su propósito con la humanidad, Jesús, que es eterno, tuvo que someterse a la vestimenta de la forma mortal del hombre. Pudo sentir todo dolor, hambre y muerte. Jesús bajó de su lugar de gloria y vino a un mundo pecaminoso solo para cumplir su propósito. Que estamos diciendo Jesús tuvo que renunciar a varias cosas para cumplir su propósito. ¿Estás dispuesto a renunciar a lo que es necesario para cumplir tu propósito divino? Si su propósito no le cuesta nada, no es divino. Una buena oración es que *Dios me ayude a renunciar a CUALQUIER necesidad para que su propósito se cumpla.*

Lo mejor para renunciar es tu voluntad. Jesús demostró esto cuando le dijo a su Padre "no se haga mi voluntad, sino la tuya" (Lucas 22:42). Él demostró lo que se espera de nosotros. Cuando renuevas tu mente, te lleva al lugar de borrar tu propia voluntad, que es tomar represalias, desquitarse, renunciar, desobedecer y seguir tu propio camino. Nuestra voluntad está nublada por nuestra humanidad, pero la voluntad de Dios es pura.

Stacey Garvey nos recuerda que renunciar a tu voluntad es una de las lecciones más difíciles y difíciles de aprender. Ella nuevamente compartió lo siguiente:

Recuerdo cuando Dios dijo: "¡dame!" Fue un desafío, pero luego la Palabra me enseñó a confiar en Dios. Y al confiar en Dios, le entregué mi voluntad. Retrasé mi propio destino porque me negué a someterme a la voluntad de Dios. A veces, cuando queremos algo realmente malo, debemos adivinarlo porque Dios siempre tiene algo mejor. La carne nos engañará para extrañar lo que Dios tiene al mirar tanto nuestro deseo que olvidamos buscar a Dios acerca de su voluntad.

Esto es una renovación mental seria. Si nuestra voluntad no se cambia por la voluntad de Jesús, nunca lograremos nuestro propósito. ¡Nunca!

Después de que decidimos someternos y perseguir esa sumisión, también debemos someternos al tiempo de Dios. Ahora esa es la parte difícil. Vemos que el tiempo se enfatiza en Gálatas 4: 4 "Pero cuando llegó la plenitud del tiempo, Dios envió a su Hijo, hecho de una mujer, hecho bajo la ley".

Imagínese a Jesús viendo sufrir a su creación, pero sometiéndose a esperar hasta que sea el momento adecuado. El profeta Isaías declaró: "He aquí, una virgen concebirá, y dará a luz un hijo, y llamará su nombre Emanuel" (Isaías 7: 14b). Lo que no dijo fue cuándo y qué virgen. No lo sabía pero Dios lo sabía. Hasta que la madre y el padre de María se unieron y la dieron a luz, y ella era madura, Jesús tuvo que esperar. Renueve su mente con esta verdad: hay personas esperando que tu se alinee con su propósito. Tu propósito no es el aislamiento. Hay personas que son fundamentales para ayudarlo a cumplir su misión.

Antes de que fueras concebido, tus ayudantes del destino ya estaban decididos. Por ejemplo, Juan el Bautista, el primo de Jesús fue el precursor de Jesús. Dios posicionó a Juan para anunciar a Jesús como el Mesías. Nunca dejes de reconocer a quienes prepararon el escenario para ti. Algunos senderos fueron preparados para ti y otros tendrás que abrir. Si no nos sometemos al tiempo de Dios, nos llevaremos a Ismael en lugar de a Isaac.

Dios le dijo a Abraham que su esposa Sarai le dará un hijo. Se adelantó a Dios y consiguió a Ismael con Agar. Dios, sin embargo, cumplió Su promesa y le dio al niño prometido, Isaac. Cuando el tiempo era el correcto según Dios, no el hombre, Dios envió a Jesús. Jesús no entró en la riqueza o la fama sino como un niño humilde. Echamos de menos eso cuando decimos: "Quiero ser más y más como Jesús". La verdad es, ¿dónde está nuestra humildad? Lo hemos extrañado tanto que hemos olvidado dónde lo perdimos. Esta fue una de las razones por las cuales Jesús fue rechazado. No vino en majestad terrenal. Sin embargo, nosotros, Sus súbditos, a veces olvidamos lo que es la humildad.

SUMISIÓN AL PROPÓSITO DIVINO

Jonás rechazó la asignación divina que recibió de Dios como está registrado en el libro de Jonás. Esto era para ir a Nínive y predicar el arrepentimiento. En consecuencia, sufrió las consecuencias. Desafortunadamente, Jonás no fue el único que sufrió. Los marineros perdieron sus mercancías y experimentaron un miedo significativo. Jesús se sometió al Espíritu Santo en su búsqueda de su propósito divino. Según Mateo 4: 1, "Entonces Jesús fue llevado por el Espíritu al desierto para ser tentado por el diablo".

El escritor de Hebreos nos ayuda a entender por qué era necesario que Jesús fuera tentado.

LEOSTONE

Por lo tanto, en todas las cosas le correspondía ser hecho como a sus hermanos, para que pudiera ser un sumo sacerdote misericordioso y fiel en las cosas pertenecientes a Dios, para hacer la reconciliación por los pecados del pueblo. Porque él mismo ha sufrido ser tentado, puede socorrer a los que son tentados (Hebreos 2: 17-18).

El éxito de su ministerio y vida nunca alcanzará su máximo potencial hasta que se someta a su propósito divino como lo expresa el Espíritu Santo. Ustedes que tienen oídos para oír, que oigan. La sumisión de Jesús es un ejemplo para nosotros. Escuche lo que dice la palabra de Dios en Santiago 4: 7: "Someteos, pues, a Dios. Resiste al diablo y él huirá de ti" (Santiago 4: 7).

Someterse a Dios va más allá del dominio físico. Se extiende hasta donde permitimos que nuestro espíritu y mente estén sujetos a las directivas o la guía del Espíritu Santo. Cuando hayamos hecho esto, podremos resistir al diablo. Ninguna resistencia será válida si nuestro espíritu y mente no están de acuerdo con el Espíritu de Dios. Necesitamos ser el puente de acuerdo entre el Cielo y la Tierra, entre el reino espiritual y el reino físico. Cuando esto se logre, manifestaremos en el ámbito físico lo que ya está decidido en el ámbito espiritual, que *es La Voluntad de Dios.*

Después de enseñar sobre estar de acuerdo con el cielo para ver la manifestación en el ámbito físico, entré en una oficina para ver a alguien que estaba justamente disgustado. La persona se negó a firmar un documento con la posición de la persona fijada. Esto se debe a que hubo un retraso en poner la posición en blanco y negro aunque la persona estaba funcionando en la capacidad. El Señor me permitió decir: "Firma, al hacerlo, estás de acuerdo con el cielo en que esto debe hacerse. Al no firmar, estás diciendo que no crees que ya se haya hecho en el reino espiritual y que simplemente estás esperando la manifestación terrenal ". La persona firmada. Poco después, la persona recibió el puesto por escrito. Incluso cuando parece que no va a suceder, estás frustrado y el tiempo es largo, no vaciles en tu acuerdo con el cielo. Mantener el rumbo. Empujar. Empujar. La voluntad de Dios para tu vida debe hacerse.

CUMPLE TU PROPÓSITO

Propósito de no morir antes de que hayas completado tu propósito. Jesús modeló esto para ti. Mire a Juan 19:30, "Cuando Jesús, por lo tanto, recibió el vinagre, dijo: Está terminado: e inclinó la cabeza y entregó el fantasma". Esto, dijo mientras estaba en la cruz. Él cumplió su propósito. El paquete de canje estaba completo. ¡Aleluya! Tenía un propósito y lo completó. Si vamos a hablar como Jesús, tenemos que someternos y seguir adelante. No hay atajos. Cuidado, habrá desafíos, obstáculos, enemigos, perseguidores, mentirosos y aquellos que también te abandonarán. No olvidemos que Jesús fue abandonado por sus amigos más cercanos, aquellos a quienes vertió y con quienes compartió su vida. De sus doce discípulos, uno lo traicionó, uno lo negó y uno dudó de él. Los demás lo abandonaron y salvó a John, que lo observaba desde la distancia.

Recuerdo que me invitaron a hablar en una iglesia y

mientras buscaba el mensaje del Señor, escuché en mi Espíritu: "Hay dolor en la voluntad de Dios". Renueva tu mente con esto: hay un propósito en tu dolor. Existe el dolor de la desobediencia y el dolor de la obediencia. Hay dolor en la voluntad de Dios, pero el mayor dolor proviene de la desobediencia. La desobediencia bloquea tu propósito. Su propósito no se realizará sin todo. Encontrará su propósito en la voluntad de Dios.

Algunos dirán que Jesús tenía una ventaja porque conocía su propósito y destino. ¿Cuántos de nosotros podríamos manejar sabiendo todo lo que Jesús sabía que le sucedería y aún perseguir nuestro propósito? A medida que continuamos renovando nuestras mentes, comprendamos esto: no saber que todo es un regalo. Si supieras todo lo que te sucedería, arruinarías tu vida, matarías tu misión y descarrilarías tu destino. Sin embargo, Jesús se tomaba en serio el cumplimiento de su mandato. Mira lo siguiente en Mateo 16: 21-23:

> A partir de ese momento, Jesús comenzó a mostrarles a sus discípulos cómo debía ir a Jerusalén y sufrir muchas cosas de los ancianos, los principales sacerdotes y los escribas, y ser asesinado y resucitado al tercer día. Entonces Pedro lo tomó y comenzó a reprenderlo, diciendo: Señor, lejos de ti, esto no será para ti. Pero él se volvió y le dijo a Pedro: Apártate de mí, Satanás: eres una ofensa para mí, porque no sabías lo que es de Dios, sino lo que es de los hombres (Mateo 16: 21-23).

Cuando Jesús así lo dijo, se turbó de espíritu, y testificó, y dijo: De cierto, de cierto os digo que uno de ustedes me traicionará. Luego, acostado sobre el pecho de Jesús, le dijo: Señor, ¿quién es? Jesús respondió: Él es, a quien le daré un trago cuando lo haya bañado. Y cuando hubo bañado la sopa, se la dio a Judas Iscariote, el hijo de Simón. Y después del bocado, Satanás entró en él. Entonces Jesús le dijo: Que hagas, hazlo rápidamente (Juan 13:21, 25-27).

Jesús rechazó las palabras de Pedro que iban en contra de su destino. No permita que el camino fácil le robe cumplir su propósito. Mantén tu rumbo y di: "Oh Señor, ayúdame a aceptar mi destino y no desviarme del camino". Jesús conocía su destino y el camino que lo llevaría al cumplimiento. Sabemos esto de acuerdo con Marcos 10:45, "Porque incluso el Hijo del Hombre no vino para ser servido, sino para servir, y para dar su vida en rescate por muchos". Jesús le dijo a Judas: "Haz tu parte (traición) rápidamente". En el nombre de Jesús, les ordenamos a nuestros Ayudantes del Destino que actúen rápidamente. El nacimiento y muerte de Jesús fue en el tiempo perfecto de Dios. Que no se pierda el tiempo. Tus ayudantes del destino deben actuar ahora. Sin traición, sin crucifixión. Tus ayudantes del destino a veces son los que te decepcionan. Judas era de hecho un Ayudante del Destino.

Ahora entendemos que Judas jugó un papel importante en ayudar a Jesús a cumplir su propósito y destino. Del mismo modo, aquellos que te mintieron, te traicionaron, te despidieron y se alejaron de ti, jugaron un papel importante para ayudarte a cumplir tu propósito. El efecto de un mal hecho a ti, depende de ti. Puedes elegir entre ser un Destiny Helper o un Destiny

LEOSTONE

Destroyer. La violación, el abuso sexual o el abuso de su ex pareja, ¿qué será, ayudantes del destino o destructores? A medida que renueves tu mente, recuerda que depende de ti. La puerta cerrada por la que estás llorando ahora, y tratando de volver a abrir, fue divinamente cerrada para evitar que abortes el propósito. El Judas que se manifestó contra ti se usó para guiarte hacia el propósito orquestado para ti. Ocasionalmente deberíamos agradecer a Dios por nuestros Judas.

AYUDAR A ALGUIEN

"Y cuando salieron, encontraron a un hombre de Cirene, llamado Simón: a él lo obligaron a llevar su cruz" (Mateo 27:32). Una pregunta que cambia la vida es: "¿Ayudarán a algunos a completar su viaje / destino?" ¿Se puede confiar en ti para ser un Destiny Helper comprometido? A medida que vives, tristemente te darás cuenta de que algunas personas no están dispuestas a invertir en el viaje de otras. Se han vuelto tan egoístas e individualizados que no pueden ver más allá de sí mismos. ¿Podemos volver al momento en que le preguntamos sinceramente, cómo puedo ayudarlo a completar su tarea, mandato o viaje? Recuerdo que cuando estábamos estudiando, las personas actuaban de manera egoísta con notas, libros, etc. Un día, un profesor nos aconsejó que no competíamos por un grado. Todos los que completen recibirán su justa recompensa. Ayudarlo no me impide cobrar mi título. La verdad que extrañamos es esta: *ayudar en el viaje de alguien sirve como campo de entrenamiento para completar su propia tarea.*

Jesús fue maltratado, golpeado, debilitado y se le dio su cruz para llevar. Luchó y Simon recibió el encargo de ayudarlo. Simon lo ayudó a completar su tarea. Simón hizo el resto del viaje más fácil para Jesús. ¿A quién hemos abandonado y hemos causado sufrimiento más allá de lo que pueden soportar? Vimos el dolor, el abuso, el abandono, el peso y nos hicimos la vista gorda. Incluso fingimos estar ocupados, enfermos o fuera de la ciudad, solo para escapar de ayudar. La verdad es que te amo, pero si solo puedes estar ahí para mí cuando las cosas están bien, entonces no te necesito cerca. ¿Dónde estás cuando me duele, tengo ganas de rendirme y angustiado? ¿Dónde estás cuando mi esposo / esposa quiere salir del matrimonio y tengo pensamientos suicidas?

Es decepcionante cuando haces un esfuerzo adicional y luego, cuando necesitas una mano amiga, nadie está allí para rezar contigo. Los esperados no están allí. En mis días buenos, estuve allí para ti. Te llevé cuando estabas arruinado, enfermo y deprimido. Ayuné por ti mientras buscabas dirección y curación, pero ahora ni siquiera contestas tu teléfono. Sin embargo, cuando llamo desde un número diferente, respondes.

No se registró que Simón estaba relacionado con Jesús, ni era un discípulo. Tus verdaderos Ayudantes del Destino podrían no ser nadie con quien te asocies actualmente. Puede que ni siquiera te sean conocidos. No pueden ser familiares, asociados o amigos. Jesús estaba en camino de cumplir su propósito divino y Simón lo ayudó. Ahora, en virtud de él asistiendo, se conectó con el destino y la divinidad. Las personas pueden abstenerse de ser sus Ayudantes de Destino porque no están al tanto de su mandato de destino. Si supieran quién eres tu, se inundarían para ayudar. Pero no sería genuino. Debemos asegurarnos de que nuestra ayuda no se haga por ganancia propia, donde ayudamos a cambio de algo.

Le costó a Simon ayudar. Costos de ayuda. Pero algunas personas son especialistas en recibir y novatos en dar. Siempre deseando que las personas sean nuestros Ayudantes del Destino, pero nunca parando para ayudar a alguien. Recientemente, mientras hacía mis recados, vi una situación y el Espíritu Santo dijo: "Nunca estés demasiado ocupado para hacer el bien". Propongámonos cambiar. No solo nos centramos en nosotros mismos, sino también en las necesidades de otra persona. Sí, es bíblico. El escritor del libro de Gálatas lo expresa amablemente:

Hermanos, si un hombre es alcanzado por una falla, ustedes que son espirituales, restauren a ese hombre en el espíritu de mansedumbre; considerándote a ti mismo, para que no seas también tentado. Soporten la carga del otro, y así cumplan la ley de Cristo (Gálatas 6: 1-2).
Si su hermano / a ha sido superado, no abandone a esa persona. Lleve a la persona a un lugar seguro. El agricultor comprende la necesidad de ayudar. Cuando el banano está luchando bajo el peso de sus higos, el agricultor usa una muleta como soporte. Hasta que los higos hayan alcanzado la madurez y hayan cosechado, la muleta se queda con él. Si eres un verdadero Destiny

LEOSTONE

Helper, y te confieso un pecado, lo que realmente debería resonar en tu espíritu es la necesidad de restaurar. En el ejército no dejan a sus camaradas para que mueran. Estás en el ejército de Dios, sé el Destiny Helper de alguien. Dar de ti mismo. Ayudar a alguien a su lugar de realización. Alguien compartió lo siguiente conmigo.

Anoche llovió muy mal. Así que me fui a la cama temprano. Mi mente comenzó a divagar. Fue una lucha Me sentí solo. Entonces alguien llamó y dijo: "recemos". Orar juntos me ayudó.

Los Ayudantes del Destino ciertamente ayudan en varias áreas según las indicaciones de Dios. A veces, para que seamos ayudantes, Dios nos pone en una situación similar para que nuestros ojos se puedan abrir a la necesidad de los demás. Estás en posición de ayudar. ¿De verdad ayudarás? Es hora de que el amor y la unidad sean el orden del día. Deja que comience contigo. Que Dios bendiga a cada Ayudante del destino.

CUMPLIR EN SU PROPÓSITO

La decisión de cumplir con su propósito será atacada agresivamente. Por lo tanto, debe ser intencional en su búsqueda de su propósito. El viaje hacia su propósito puede no ser siempre reconfortante, pero debe ser su enfoque. ¡Protege tu enfoque! Vemos en el relato de Éxodo 16: 3 lo siguiente:

Y los hijos de Israel les dijeron: ¿Ojalá hubiéramos

muerto de la mano del Señor en la tierra de Egipto, cuando nos sentamos junto a las ollas de carne y comimos pan en abundancia? porque nos habéis traído a este desierto, para matar a toda esta asamblea con hambre (Éxodo 16: 3).

Del texto, podemos deducir fácilmente varios puntos que enumeraré y discutiré.

1. *Una casa llena por Satanás no es nada comparada con un cuenco preparado por Dios.* Los viejos decían: "Poco es mucho cuando Dios está en él". Los hijos de Israel se detuvieron al comparar su condición actual (hambre) con su pasado (tenían mucha carne hasta que se llenaron). Debemos estar completos. La omisión de los hechos necesarios equivale a mentir. Esa no fue la única comparación que tenían que hacer. Cuando estaban llenos, estaban esclavizados. Ahora son gratis. Una joven dijo durante su temporada de prueba, que los días sin comida la obligaron a ayunar. Ella decidió capitalizar la falta de recursos dentro de lo físico y mejorar lo espiritual a través del ayuno y la oración. Eso fue sabiduría. Ella se convirtió en parte de su milagro. Declaramos: "Todas las cosas funcionarán para nuestro bien", pero debemos ir más allá de la declaración. Esté dispuesto a participar en su milagro. La joven en lugar de murmurar sobre lo que no tenía, usó su circunstancia como un empujón hacia lo que necesitaba.

2. *Cristianos condicionales:* Desafortunadamente, muchos cristianos caen en esta categoría. Toda la fe, la adoración, el baile de pies, el hablar en lenguas están en orden cuando las condiciones de la vida son favorables. Pero si el tiempo cambia, se desploman en la depresión, dudando, tratando de ayudar a Dios a arreglarlo cuando Dios es más que capaz. En el capítulo 15 de Éxodo, bailaron, cantaron y tocaron música. La condición era la destrucción masiva de sus enemigos. En el capítulo 16, maldijeron a Moisés. La condición era su hambre. Debes estar decidido a ser constante en tu honor a Dios. El Nuevo Testamento nos exhorta a orar sin cesar, no solo en los buenos tiempos sino en todas las estaciones. Sé como Job quien al recibir malas noticias después de las malas noticias, adoró a Dios. Renueva tu mente con esto, deja que las condiciones desfavorables te impulsen a la adoración.

3. *El gran intercambio:* todos los días estamos invitados a la mesa de intercambio. Los comerciantes quieren nuestro dinero para sus productos y servicios. La industria del entretenimiento quiere nuestro tiempo a cambio de sus películas o canciones. Nada es sin un intercambio de precios. Mientras intentamos descifrar qué intercambio es beneficioso para nosotros, no intercambiemos una situación temporal con una decisión permanente. Uno de los

dispositivos del enemigo es magnificar una situación tan grande que mata la visión y desafía la fe. El gran intercambio tiene lugar en ambos reinos, pero es más crucial en el reino de los espíritus. Los hijos de Israel no volvieron físicamente a Egipto, pero su corazón y alma regresaron. Intercambiaron libertad con hambre temporal por una barriga llena y esclavitud. ¡Guauu! ¡Qué intercambio! El precio de la barriga llena superó con creces el costo de la libertad y el hambre temporal, pero no podían ver eso. Son como cinco minutos de sexo para la destrucción de un ministerio que tardó años en construirse. Vamos a examinarnos a nosotros mismos.

¿Qué intercambio está teniendo lugar? Otro gran intercambio es el intercambio de pecados. Las personas han intercambiado fornicación por masturbación. La justificación es que no está con nadie y les impide pecar contra Dios. Sin embargo, desafío que ese argumento sea defectuoso. Si bien la fornicación se realiza en el ámbito físico, la masturbación es un encuentro sexual en el dominio espiritual. Esto se facilita a través de pensamientos, imágenes y sonidos. La masturbación va en contra de la naturaleza misma de Dios y el diseño que Él creó perfectamente para la humanidad. Es autocomplaciente y promueve la lujuria. Jesús dijo en Mateo 5:28: "Pero yo os digo que cualquiera que mira a una mujer para codiciarla, ya adulteró con ella en su corazón".

LEOSTONE

Los hijos de Israel dijeron que deseaban haberse quedado en la esclavitud, comer y morir. La verdad sobre la declaración es que no sabían nada más que estar sujetos a los egipcios. Estuvieron en cautiverio un poco más de 400 años. Todos los que hablaron nacieron en la esclavitud. Lo que Moisés les vendió era nuevo y significaba cambio. Los cambios no siempre se aceptan fácil y fácilmente. A medida que persigas permanecer en tu propósito Divino, encontrarás personas a las que debes ayudar, pero es posible que no vean la necesidad de ser ayudadas o cambiadas. Esto es lo que saben, una vida de esclavitud y abuso. Una mente renovada permanece fija en Dios en lugar de desear satisfacción a corto plazo. Por lo tanto, rechaza el intercambio de libertad en Dios por un relleno temporal de la esclavitud.

INTERRUPCIÓN DIVINA

Vemos que la vida de los hijos de Israel cambia por la interrupción divina, de la esclavitud a la libertad. Por lo tanto, a medida que renovamos nuestras mentes, no todas las perturbaciones o interrupciones son demoníacas y tienen un resultado negativo. Algunas son interrupciones divinas. Estos son los que Dios usa para reposicionarlo o realinearlo con su verdadero propósito, mandato o llamado. La mujer samaritana mencionada en el capítulo 4 de Juan tuvo un encuentro que cambió su vida y la vida de muchos de su sociedad. Ella le dijo a Jesús: "Sé que viene el Mesías". En otras palabras, ella creía sin lugar a dudas que la profecía de la venida de Cristo se cumpliría. Ella tenía grandes expectativas. Jesús le dijo: "Yo soy el Cristo". Soy el cumplimiento de la profecía en Isaías 7:14.

Lo que hizo Jesús fue interrumpir divinamente sus expectativas con satisfacción. Sepa cuándo ha cambiado de estación. La era de las expectativas ha llegado a su fin. Un nuevo capítulo ha comenzado y es el capítulo de cumplimiento. Una mente renovada te transporta de las expectativas a la realización. ¡No siempre estarás a la expectativa! No nos perdamos esto. "Salió de Judea y partió nuevamente a Galilea. Y debe pasar por Samaria" (Juan 4: 3- 4).

La interrupción de sus expectativas con el cumplimiento no es un accidente. Es un propósito divinamente orquestado. No era para debate, acaparamiento o petición. Fue un deber. El cumplimiento debe interrumpir las expectativas. En lo que se está metiendo no es en la "acumulación", accidente o sobras. Esto es tuyo.

De hecho, ni siquiera puedes evitarlo porque no fue planeado ni propuesto por ti. Esto es lo que Dios está haciendo. Eres solo el destinatario. Has estropeado tantas cosas buenas en el pasado, y Dios lo permitió, pero no este capítulo. Este es el capítulo donde cometes un error y Dios lo corrige. *Su oración al Señor para que mi camino torcido sea recto está a la mano.*

Presta atención. Jesús no esperó hasta que ella estuviera en una posición justa para interceptar o conocer a esta mujer samaritana.

Renueva tu mente con esta verdad: es mentira que primero tengas que estar en un lugar perfecto para que Dios te bendiga. La conoció en su estado de pecado y ella todavía tenía buenas cualidades. Ella fue honesta. Ten la seguridad de que no eres todo malvado. Tienes buenas cualidades Ella dijo: "No tengo marido". Esto ya se dijo, ¡sé honesto con Dios para variar! No es que él no lo sepa, entonces, ¿a quién estamos engañando? ¡Nadie más que nosotros! La honestidad sigue siendo la mejor política. No eres perfecto sino elegido. Desordenado pero aún usado por Dios.

Su plan era: llegar al pozo, llenar su olla de agua y regresar a casa. Pero cuando llegó al lugar habitual, se encontró con lo inusual. Prepárate para que Dios cambie tu costumbre. Las cosas no van a ser las mismas de siempre.

Moisés tuvo un encuentro similar. Vio el arbusto ardiendo, pero en una manifestación inusual, ya que no fue consumido. Estaba en llamas pero no destruido. ¿Estás preparado y listo para que Dios cambie lo usual a lo inusual en tu vida? Esto inusual para la mujer samaritana fue tan poderoso que su intención principal fue atravesar la puerta. Ella dejó caer su olla de agua. Alguien necesita dejar caer esa olla de agua. No lo aguantes más. Mayor está aquí. La gran interrupción divina promueve el gran intercambio. Fue por el agua habitual y se encontró con el agua viva: Jesús. ¿Cuál es esa olla de agua que llevabas? Cuando hayas dejado caer tu olla de agua, el enemigo encontrará una boca parlanchina, que cree que es su trabajo recordarte esa olla.

A medida que renueve su mente, no espere que las cosas sigan igual. Estar abierto a los cambios. No puedes esperar seguir siendo el mismo después de llegar a la presencia del Dios Todopoderoso. A medida que Dios cambie las cosas, sus prioridades actuales también cambiarán. Te darás cuenta de que cosas que alguna vez fueron súper importantes quedarán en segundo plano. Las personas de las que creías que no podrías prescindir se convertirán en un recuerdo. Las cosas que actualmente te mantienen cautivo dejarán de reinar en tu vida.

Cambia tu dieta, cambia lo que consumes. Tendrás que cambiar tu restaurante. No puede continuar yendo a donde se sirve basura y esperar comer sano. A dónde va y qué consume determinará su producción. Comience por deshacerse de los negativos. Deja de permitir que los negativos alimenten tu espíritu. Si tienes que cortar, corta. Cambio de ser alimentado por los que abandonan. ¿Cuál crees que será tu salida? Nunca han completado nada. Ellos quieren lo mismo para ti. Rodéate de finalizadores / finalizadores para cumplir tu Propósito Divino.

CLAVES DE RENOVACION MENTAL

En este capítulo sobre "Propósito Divino", hemos

compartido algunas claves de Renovación Mental para ayudarlo a convertirse en una mejor persona. Aquí hay un resumen de estas claves que puede aplicar a su vida diariamente o según surjan las circunstancias. Lee y medita en ellos. Ora y declara sobre tu vida caminar en la Victoria que Dios ha preparado para ti.

1. Hay un propósito en tu dolor.
2. Comprende esto: no saber que todo es un regalo.
3. No permita que el camino fácil le robe cumplir su propósito.
4. Ayudar a alguien en su viaje sirve como campo de entrenamiento para completar su propia tarea.
5. Tus verdaderos Ayudantes del Destino podrían no ser nadie con quien estés asociado actualmente.
6. Protege tu enfoque.
7. Deja que las condiciones desfavorables te impulsen a la adoración.
8. El aumento de una situación negativa sirve para matar la visión y desafiar la fe.
9. Una mente renovada permanece fija en Dios en lugar de desear satisfacción a corto plazo. Por lo tanto, rechaza el intercambio de libertad en Dios por el relleno temporal de la esclavitud.
10. No todas las perturbaciones o interrupciones son demoníacas y tienen un resultado negativo. Algunas son interrupciones divinas.
11. En lo que se está metiendo no es en la "acumulación", accidente o sobras, sino en la

interrupción divina de la expectativa con el cumplimiento. (Una mente renovada te transporta de las expectativas a la realización).
12. Es mentira que primero tengas que estar en un lugar perfecto para que Dios te bendiga. No eres perfecto, sino elegido ... Desordenado pero aún usado por Dios.
13. No puede continuar yendo a donde se sirve basura y esperar comer sano.

CAPÍTULO 14:
BELLEZA DE LAS CICATRICES

"Del sufrimiento han surgido las almas más fuertes; los personajes más masivos están marcados con cicatrices".
—Kahlil Gibran

La verdad es, la belleza es glorificada pero las cicatrices están mal vistas. Esa posición se toma de un lugar de pobreza. Una de mis definiciones de pobreza es "la incapacidad o la incapacidad de convertir recursos en medios significativos". Tanto la belleza como las cicatrices están dotadas de riqueza, algunas se dan cuenta, mientras que otras esperan ser descubiertas. En este capítulo, el énfasis es la riqueza y belleza de las cicatrices.

Pero Thomas, uno de los doce, llamado Didymus, no estaba con ellos cuando Jesús vino. Los otros discípulos le dijeron: Hemos visto al Señor. Pero él les dijo: Excepto que veré en sus manos la huella de las uñas, y pondré mi dedo en la huella de las uñas, y empujaré mi mano en su costado, no lo creeré. Y después de ocho días nuevamente sus discípulos estaban dentro, y Tomás con ellos: luego vino Jesús, cerrando las puertas, y se paró en medio, y dijo: La paz sea con ustedes. Entonces le dijo a Tomás: acerca tu dedo y mira mis manos; y acerca tu mano, y métela en mi costado; y no seas incrédulo, sino creyente. Y Tomás respondió y le dijo: Señor mío y Dios mío. Jesús le dijo: Tomás, porque me has visto, has creído: bienaventurados los que no vieron y creyeron (Juan 20: 24-29).

Thomas se negó a creer hasta que vio las cicatrices. Deja de avergonzarte de tus cicatrices, te cuentan tu historia. Usa tus cicatrices con orgullo. Están testificando en voz alta. Dicen que no eres una persona que deja de fumar, pasaste por el fuego y la inundación y lo lograste. No cediste al estímulo para suicidarte. Eres más que vencedores. Por favor no silencies tus cicatrices.

Hubo un tiempo en que las personas no hablaban de cosas como ser violadas. Pero hay una nueva generación que entiende que no son esclavos del mal que se les hizo. Hoy, comparten abiertamente sus cicatrices como un medio para alentar a alguien y glorificar a Dios. No puedes hablar sobre el desastre hasta que lo hayas superado. Satanás ya no puede mantenerte en silencio. No permita que nadie vincule su presente y futuro a su desorden pasado. Tus pasos están ordenados por Dios, no por los eventos de tus CICATRICES. Comprende que el enemigo se enteró de tu desorden y trató de exponerlo con la intención de destruirte. Pero él no sabía que tu desastre se habría convertido en tu mensaje.

Aquí está tu avance. Deja de tratar de cubrir u ocultar tus cicatrices. En realidad, estás dando municiones a Satanás para que las uses contra ti. Negate a darle a Satanás secretos sobre ti. Escucha, me encanta lo que dijo Jesús: "El que no tiene pecado entre ustedes, que primero le arroje una piedra" (Juan 8: 7b). Las piedras cayeron al suelo mientras las personas se examinaban a sí mismas rápida y vergonzosamente. Tendemos a disfrutar resaltando los errores de una persona porque de alguna manera nos ayuda a no ver los nuestros.

Las luchas son reales. Vamos a la iglesia, cantamos algunas canciones, adoramos y escuchamos un mensaje, y luego volvemos a casa para enfrentar todas las luchas allí. Es triste que los lugares como la iglesia y el hogar, donde se supone que debemos ser nosotros mismos, debido a las cicatrices, a menudo usamos una máscara. Algunas personas han usado sus máscaras durante tanto tiempo, que actualmente no recuerdan su verdadero yo. El miedo a exponer quién eres por dentro te paraliza a residir detrás de la máscara mientras escondes tus cicatrices, que son tu riqueza. ¡Dios puede arreglar las batallas internas que surgen de tus cicatrices mejor que cualquier persona!

Antes de que "John" se convirtiera en un hijo de Dios, su pasatiempo era la fornicación. Dios lo salvó y fue liberado instantáneamente. Pero Satanás entró sigilosamente y lo engañó. Él le dijo que la fornicación está mal, pero no la masturbación. La masturbación era la forma de aliviarse sin pecar. Él creyó y comenzó a masturbarse. Luego hubo una guerra que se detuvo después de que descubrió que había sido engañado. La batalla fue ganada. Ahora, es un consejero y ministro que ayuda a las personas que luchan contra la masturbación y los pecados sexuales. Pasó por su desorden y después de todas las espinas, hay belleza. La espina es lo que nos lleva al siguiente nivel. Las espinas están posicionadas para perturbar su comodidad y hacer que se vea más alto.

A medida que renovamos nuestras mentes, asegúrese de comprender este concepto: *fuiste elegido para usar tus cicatrices*. Tus cicatrices son tu testimonio de que regresaste de la guerra. No, no moriste en el campo de batalla. Tus cicatrices validan quién dices que eres. Kahlil Gibran, autor de "El profeta", que ha sido traducido a más de 100 idiomas diferentes, convirtiéndolo en uno de los libros más traducidos de la historia, dijo: *"Del sufrimiento han surgido las almas más fuertes; los personajes más masivos están marcados con cicatrices "*. Tus cicatrices te identifican como alguien que no se dio por vencido. Conocías las cuchillas que te esperaban y desafiaste el camino. Ves tus cicatrices como discapacidades, pero deja que se conviertan en tu plataforma de motivación. Puede encontrar su propósito a partir de su dolor, el ridículo y la indiferencia. El tiempo que pasa tratando de encajar y parecerse a las normas dictadas por la sociedad, debe buscar un grado en aceptar quién eres tu y encontrar el propósito y el destino de su vida.

Muchas personas mueren sin conocer y cumplir su

propósito divino porque eligen vivir a la sombra de los demás. ¿De quién es la vida que estás viviendo? ¿El tuyo o el de tus amigos? La búsqueda de la felicidad a la sombra de otro dará como resultado la autodestrucción. No prives al mundo de conocer tu singularidad. Tus cicatrices te distinguen y te separan. Abrácelos. Puedes elegir existir con tus cicatrices o vivir y disfrutar de la riqueza de las mismas.

¿Qué te ha deshabilitado? Vamos, puedes ser lo que Dios te ordenó ser. Su ordenación se decidió antes de que quedara marcado y no se anulará porque ha sido marcado. Cuando haya desafíos, enfréntelos. Superarlos. No renuncies por el camino lleno de baches. Consigue un Jeep 4x4. Alguien necesita escuchar esto. En tus cicatrices yace tu propósito y riqueza. Deja de quejarte y abraza tu singularidad tal como la dio el Señor.

Cada nuevo capítulo de tu vida será simplemente una repetición del anterior a menos que hagas algunos ajustes serios de Renovación Mental. Deje que lo nuevo esté constituido por los cambios que hará. Decide vivir, no solo existir, perseguir tus sueños. Si abandonó su llamado, reanude el viaje. Trabaja en tu salud, vida familiar, educación, relación con Dios (primero) y deja de esconder tus cicatrices. Tus cicatrices son un regalo de Dios para ti.

Los hombres pueden tener miedo de usar a los descalificados, es decir, los que tienen una historia horrible. Los que tienen que dar testimonios censurados, pero Dios siempre ha usado a esas personas. Por ejemplo, el asesino Moisés, el David adúltero, el engañador Jacob, tú y yo CON NUESTROS

LEOSTONE MORRISON

CICATRICES.

DOMINA TU RESPUESTA

Una dura realidad es que no todos pueden manejar sus cicatrices y, posteriormente, están cegados por su belleza. A medida que se proponga sentirse orgulloso de sus cicatrices, tenga en cuenta que recibirá comentarios mixtos.

Cuando era adolescente, luché con una baja autoestima que afectó mi desempeño en la escuela secundaria. Mi maestro de Principios de Negocios (P.O.B.) me dijo que no equivaldría a nada. Eso fue duro pero no lo suficiente como para hundirme. Golpeó con fuerza, pero un luchador interno fue llevado a la vanguardia. Por lo tanto, lo usé como una motivación para buscar pases. Me impulsé a demostrar que no soy lo que ella dijo. Tomé el examen, obtuve los resultados y la busqué para mostrarle mi pase. Las palabras negativas pronunciadas pueden romperte o hacerte sentir mal. Tú decides cómo se desarrolla el asunto. O permites que el abuso sea el clavo que sella tu ataúd o la tierra que pisas para salir del agujero. ¡Tú decides!

En el relato de 2 Reyes, Capítulo 5, vemos el dominio de la respuesta de uno en su mayor demostración. Había una esclava, una que fue sacada de su país de origen y forzada a un estado secundario, de hecho, sin estado. Los esclavos no tenían voz. Pero ella sabía la respuesta al problema de su cautivo. Tenía lepra. Naamán, quien la capturó, que quemó su ciudad y la esclavizó, necesitaba ayuda.

Ella sabía la respuesta. Aquí estaba la encrucijada.

Después de todos los errores que le había hecho a su familia y su ciudad, ¿merece su ayuda? Ella sabía que si él solo llegaba al profeta, él se curaría. Puede ser muy desafiante, mirar más allá del mal pasado para ayudar en el presente. Al renovar nuestras mentes, debemos ser intencionales para no retener el conocimiento, la verdad, la oración, el perdón y el amor, incluso para aquellos que nos han hecho y nos están haciendo mal.

Ella demostró el poder de no permitir que los errores cometidos en ella la esclavicen aún más. Someterse a los dictados de las heridas y dolores del pasado le impide recibir la riqueza del perdón y el amor. Estaba físicamente esclavizada pero era espiritualmente libre. Ella le dijo a su captor dónde obtener ayuda y él fue sanado. ¿Estás libre hoy? Al determinar su estado, puede ver sus respuestas a la corrección, represión u orientación que es diferente de su propia ideología.

Esta era una esclava. No se menciona nombre ni edad, pero lo que se menciona es su demostración de perdón y amor ... Ella evangelizó a través del amor. Ella estaba en su lugar de trabajo sin paga. Debemos asegurarnos en el trabajo de que nuestros compañeros de trabajo vean el amor que irradia de nosotros. Si no, ninguna cantidad de invitaciones hará que vayan a la iglesia. Deja que el amor sea tu herramienta de evangelismo.

Por favor, aprende esta verdad de Renovación Mental de esta esclava: *nunca deberías sentir porque no eres conocida / reconocida, que Dios por Su plan divino no te usará. Él te permitirá estar en el lugar correcto con las personas adecuadas y el momento adecuado para que se revele su gloria.* Muy a menudo las personas se inclinan ante la idea de que, debido a que no "tienen los termómetros detrás de sus nombres", no viajan con la "multitud correcta" o de la "familia correcta" que no son valiosos. Pero Dios usa personas con problemas que están disponibles y tienen un corazón puro. Esos son los que Dios usa porque se dan cuenta de a quién se le da mucho.

CRÍTICA

Una llaga importante es nuestra respuesta a las críticas. Según Connor Grooms, hay dos tipos de crítica: crítica constructiva y crítica proyectada. La crítica constructiva es el tipo de crítica que toda gran persona busca. La crítica proyectada es una reacción emocional y negativa a algo que has dicho o hecho. Renueve su mente con esta verdad: "Su respuesta a las críticas determina su camino a seguir". Veamos un ejemplo de esto con la Universidad de las Indias Occidentales al dirigirse a un Foro de Editores Gleaner.

El director de la Universidad de las Indias Occidentales, el profesor Archibald McDonald, dijo que aunque la etiqueta, "gueto intelectual" dolía mucho, también sirvió de motivación para la facultad en el campus de Mona. "Hirió nuestros sentimientos, pero en realidad no nos dañó. Lo que realmente hizo fue estimularnos a reflexionar y observar el trabajo de la universidad, y respondimo", dijo McDonald sobre el término acuñado por uno de los principales periodistas de Jamaica, Wilmot" Motty "Perkins, quien murió hace cinco años."Respondimos en más de un sentido, y si lo miras hoy, la universidad ahora está más cerca de la sociedad jamaicana que nunca", agregó McDonald.

Aceptó que era necesario revivir en algunas áreas, y les dijo a los editores y reporteros de Gleaner que había críticas sobre la relevancia o irrelevancia de algunos cursos ofrecidos. Según McDonald, desde entonces se ha realizado un esfuerzo concertado para la renovación.

Respondimos a las críticas, incluida la del Sr. Perkins. Hemos sido criticados por otras cosas, incluyendo que nuestros programas son irrelevantes. Y la respuesta es introducir programas que sean beneficiosos para la sociedad jamaicana. Se introdujeron programas como la odontología porque, aunque hay una escuela de odontología en Trinidad, no puede suministrar la cantidad de dentistas que necesita un país como Jamaica.

MÁS QUE RESPUESTA A LA CRÍTICA

Citando una transformación de los programas de ciencia y tecnología, McDonald dijo que los estudios de ingeniería no solo han sido una respuesta a las críticas sobre la relevancia, sino un deseo de la universidad de atraer a más estudiantes varones. Como resultado, se ha registrado un notable aumento en el número de hombres en algunos programas.

Hubo un tiempo en que menos del 25 por ciento de los hombres estaban matriculados en la universidad. Al transformar los programas, en lugar de solo física pura o química pura, tenemos ingeniería e informática que atraen a más hombres, que todavía no está donde queremos que esté, pero ahora ha aumentado al 33 por ciento.

Entonces, críticas como esas del Sr. Perkins, si adopta un enfoque de mente abierta, lo utiliza para mejorarlo y lo hicimos. Agradecemos las críticas constructivas porque lo que eso hace por nosotros es poner las cosas en perspectiva y, en lugar de que miremos desde adentro, puede ser una visión que nos ayudará a mejorar ", dijo el director de la universidad.

McDonald fue apoyado por el profesor principal del Departamento de Ciencias de la Vida, la profesora Mona Webber, quien creía que gran parte de las críticas de Perkins se debían a que la universidad no hizo un buen trabajo de promoción.

'No dejamos que la gente sepa lo que estamos haciendo. Así que hemos rediseñado, reconfigurado y reestructurado. Pero esta expansión de nuestro Día de Investigación muestra la importancia del compromiso y nos brinda la oportunidad de mostrar a la sociedad jamaicana lo que estamos haciendo. Por lo tanto, no somos vistos como esta institución elitista, lo que realmente se debe a la falta de conocimiento de la sociedad en general sobre lo que estamos haciendo ", dijo Webber.

La respuesta de la universidad marcó la diferencia. Tomaron el maltrato negativo de una popular personalidad de radio y lo convirtieron para su prosperidad. En lugar de ver a la persona como un enemigo, tomaron sus críticas como una guía para la transformación necesaria y el avance de la escuela. Fueron impulsados a rediseñar, reconfigurar y reestructurar las operaciones de la escuela. Observaron la relevancia e irrelevancia de sus programas. La universidad ahora está en un lugar mejor porque decidió dejar que la crítica les funcione. A medida que renueve su mente, deje que la crítica trabaje para ti. La verdad a veces duele, pero es mejor que las mentiras relajantes.

Mis años en la escuela secundaria no me permitían muchos uniformes, algunos días tenía que repetir. Un día, un compañero de estudios me dijo, "Leostone, hueles a moho". Me senti avergonzado. Salí de la escuela, fui a casa y me lavé los uniformes. Ese fue el último día que usé un uniforme sucio en la escuela. Años después, vi a la misma estudiante y le agradecí. Esas duras palabras fueron la verdad y me ayudaron.

Si bien existen enormes beneficios para las críticas constructivas, el primer desafío que enfrentamos es la conversión de la crítica negativa en crítica constructiva. Esta conversión comienza en tu mente, procesala. Invertamos en el desarrollo de la habilidad necesaria para que todas las cosas funcionen juntas para nuestro bien.

Esto incluye críticas negativas armadas con dagas para matar la confianza y el destino. Siempre he promovido esta verdad, no tienes control sobre lo que se te dice, pero tienes poder sobre tu respuesta. Puedes decidir entregar tu poder a un atacante aparentemente permitiendo que sus palabras o acciones te paralicen, o puedes elegir usar los negativos como ingredientes para el crecimiento.

A medida que renueve su mente, debe decidir si los aspectos negativos que se le presenten servirán como melodía para su procesión fúnebre o el ritmo de su nuevo despertar. La decisión es tuya.

Los beneficios de las críticas son demasiado ricos para que no podamos capturarlos ni utilizarlos. La crítica puede promover el crecimiento personal de un individuo, sindicato, organización e incluso una nación. Te reta a salir de la caja, que es la norma, la esperada o la media. Las críticas pueden ser el impulso necesario que está buscando o esperando. ¿Qué pasa si ves a tus críticos como motores necesarios para moverte de lo normal a tu máximo potencial? Entonces estaríamos de acuerdo en que están ubicados estratégicamente para que no nos establezcamos donde no destacaríamos como diferentes o relevantes. Al hacerlo, nos topamos con otro beneficio: mejorar las relaciones.

La crítica nos da la oportunidad de ver a los demás bajo una luz diferente. Saber que alguien puede estar tratando de ayudarnos a mejorar nos da una mayor apreciación de la relación que compartimos. Renueva tu mente con esta verdad, *critícame hasta que me matricule para ser mejor*.

La crítica, si se recibe correctamente, puede hacer

que uno sea más fuerte. Las acciones de la universidad validaron esta posición. Creció en fuerza y vio un aumento en la inscripción de hombres.

Antes de que un automóvil sea lanzado al mercado, se somete a varias pruebas de resistencia y durabilidad. Esto incluye velocidad, eficiencia y accidentes. A partir de estas pruebas, se realizan ajustes hasta que el vehículo esté en un estándar que sea fuerte y aceptable. La crítica muestra que eres humano. Todos tenemos defectos como seres humanos y recibir críticas resalta nuestras imperfecciones. En lugar de derrumbarnos bajo el peso de que se den a conocer nuestras deficiencias, luchemos por mejorar nuestras áreas débiles sin vencernos a nosotros mismos. Por favor, comprenda que mientras la vida lo permita, habrá espacio para la superación personal. Nunca alcanzará el estado de no hay espacio para la superación personal.

Las críticas nos ayudan a reconocer las áreas que necesitamos para progresar. También sirve como una herramienta de construcción de confianza en sí mismo. Cuando mi compañero de escuela me criticó, me empujó a hacer los cambios necesarios. Mi confianza en mí mismo creció sabiendo que estaba limpio y que olía bien. Una transformación tuvo lugar. Me volví más involucrado y abierto a estar involucrado.

El beneficio emocional nunca debe ser ignorado. Una persona emocionalmente inestable es como una bomba de relojería que espera detonar. Ser capaz de apreciar las críticas pone a uno en la posición de no reaccionar sino evaluar. No tomar represalias contra alguien por lo que dijeron nos da la oportunidad de ver cómo nos afecta emocionalmente. Este examen puede ser una guía para nuestras acciones hacia adelante o enunciados.

La actitud tradicional hacia las críticas es poco saludable e improductiva. A medida que renovamos nuestras mentes, en lugar de estar en modo bloqueado, aceptemos las críticas como claves para desbloquear diferentes enfoques y posibilidades. Esté abierto a nuevas ideas y estrategias, especialmente si las que se tenían originalmente no están produciendo o han maximizado su potencial. La crítica nos da la oportunidad de abrirnos a nuevas ideas que quizás ni siquiera hubiéramos considerado. Adoptemos esta posición, si me amas, critícame hasta que sea mi mejor yo.

CLAVES DE RENOVACION MENTAL

En este capítulo sobre "La belleza de las cicatrices", hemos compartido algunas claves de Renovación mental para ayudarlo a convertirse en una mejor persona. Aquí hay un resumen de estas claves que puede aplicar a su vida diariamente o según surjan las circunstancias. Lee y medita en ellos. Luego implemente según sea necesario.

1. La pobreza es "la incapacidad o la incapacidad de convertir recursos en medios significativos".
2. Deja de avergonzarte de tus cicatrices, te cuentan tu historia.
3. Tus pasos están ordenados por Dios, no por los eventos de tus CICATRICES.
4. Fuiste elegido para usar tus cicatrices, validan y expresan tu personalidad única.
5. Deja que tus cicatrices se conviertan en tu plataforma de motivación. En ellos acatas tu propósito y riqueza.
6. La búsqueda de la felicidad a la sombra de otro dará como resultado la autodestrucción.
7. Lo que tienes control es tu respuesta. Determina tu camino a seguir.
8. Deja que la crítica trabaje para ti. Extraiga su prosperidad potencial de la negatividad prevista.
9. Nunca alcanzarás el estado de no hay espacio para la superación personal.
10. Adopta esta posición: si me amas, critícame hasta que sea mi mejor yo.

CAPÍTULO 15:
TU SIGUIENTE

"La locura está haciendo lo mismo repetidamente pero esperando un resultado diferente".
-Albert Einstein

Fui criado en la pobreza: sin electricidad, sin agua corriente, zinc baño y cocina. Jugué descalzo y llevaba un par de zapatos a la iglesia todos los domingos. Llevé agua para llenar un tambor del tubo vertical. El retrete tenía que ser pulido todos los sábados. Recogí leña para cocinar de los bosques cercanos. Vi y conocí mi presente pero mi *Next* me evadió. Mi siguiente envuelto en abundancia, favor y prosperidad estaba allí pero escondido.

En el idioma inglés hay comas y puntos completos. Cada uno ordena una pausa o una parada. Cuando se ve una coma, se sabe con certeza que un Siguiente está a la mano. Cuandose utiliza un punto final, a veces es una continuación o finalización. La palabra

RENOVACION

"siguiente" habla a la continuación. El hecho de que esté leyendo este mensaje hoy significa que tiene un Siguiente. Su próximo podría ser: su próximo esposo, próximo trabajo, próxima iglesia, próximo millón, próximo bebé, próximo automóvil, próxima temporada, próximo nivel, próxima decepción, próxima tormenta, próximo rechazo, etc.

CÓMO TENER ÉXITO EN TU PRÓXIMO

Para recibir y abrazar su Siguiente diseñado por Dios, tendrá oposición. Cuanto mayor sea tu Siguiente, mayor será la oposición ... Esta oposición, aunque predominantemente vista en lo físico, está orquestada en el dominio espiritual por la maldad espiritual. La frase maldad espiritual en lugares altos se refiere a Satanás y su horda demoníaca que habita el reino espiritual. Este es un mundo invisible para nosotros que existe en nuestro medio. Estos seres espirituales no son amigables con nosotros y utilizarán todas las oportunidades que puedan encontrar para atormentarnos. A veces plantan mentiras en nuestras mentes que contradicen la verdad que aprendemos de Dios.

La maldad espiritual se dirige al individuo a través de mentiras y engaños con la intención de que las personas vivan por debajo de su ubicación dada por Dios. Vivimos con miedo de seguir adelante porque nos lastimaron en el pasado, cuando el futuro está cargado de favores y bendiciones. La batalla está en nuestras mentes. Muchas personas han vivido mentiras durante tanto tiempo que ya no saben la verdad. Conocí a una hermosa joven en

RENOVACION

2010, que no se había mirado al espejo por un tiempo porque creía que no era atractiva. Fue doloroso verla sufrir. Ella creía una mentira. Las mentiras plantadas por estos espíritus, sirven para desviar, descarrilar y abortar nuestro Siguiente.

No hay necesidad de estar consternado. El apóstol Pablo dijo que tenemos armas divinas para cautivar estos pensamientos y hacerlos obedientes a Cristo (2 Cor. 10: 3-5). Estás equipado con las herramientas relevantes para asegurar tu victoria Siguiente.

DEJANDO IR LA PÉRDIDA

Nunca recibirá lo que le espera hasta que deje ir lo que ha perdido. La tentación de creer que has experimentado o vivido lo mejor posible tiene el potencial de mantenerte en cautiverio durante el tiempo que lo permitas. Aquí yace tu liberación: *tus mejores días aún están por vivir.* Ayer estuvo bien. ¡Hoy es genial pero mañana será tu mejor! Ayer fueron los años de la fundación. Nadie vive en los cimientos de un edificio. El viejo himno dice: "Vienen días mejores". Negarse a soltar la pérdida es como decidir no vivir mañana. El relato de Génesis 19:17-26 apoya la posición anterior.

Y sucedió que cuando los sacaron al exterior, él dijo: Escápate por tu vida; no mires detrás de ti, ni te quedes en toda la llanura; escapar a la montaña, para que no seas consumido. Y Lot les dijo: Oh, no es así,

RENOVACION

mi Señor: He aquí ahora, tu siervo ha encontrado gracia ante tus ojos, y has engrandecido tu misericordia, que me has mostrado para salvar mi vida; y no puedo escapar a la montaña, no sea que algún mal me lleve, y muera: He aquí ahora, esta ciudad está cerca para huir, y es pequeña: Oh, déjame escapar allí, (¿no es pequeña??) y mi alma vivirá. Y él le dijo: Mira, yo también te he aceptado con respecto a esto, que no derrocaré esta ciudad, por la que has hablado. Apresúrate, escapa allí; porque no puedo hacer nada hasta que hayas venido allí. Por eso el nombre de la ciudad se llamaba Zoar. El sol salió sobre la tierra cuando Lot entró en Zoar. Entonces el Señor llovió sobre Sodoma y sobre Gomorra azufre y fuego del Señor desde el cielo; Y derrocó esas ciudades, y toda la llanura, y todos los habitantes de las ciudades, y lo que creció en el suelo. Pero su esposa miró hacia atrás y se convirtió en un pilar de sal (Génesis 19: 17-26).

Su corazón y ojos volvieron a mirar de dónde venía. Ella conocía el pasado pero no el futuro de la incertidumbre. Sin embargo, la profundidad de lo que el Señor habló no se refería a lo físico o geográfico, sino que se extendía a su estado mental y espiritual. Fue posicionada y encaminada hacia un lugar seguro, entregada, pero su corazón regresó al lugar donde Dios se había cerrado para ellos. El lugar que estaba cerrado fue uno de sucesos mixtos. Por un lado, estaba lleno de risas, provisiones, amigos y acumulación de activos. Por otro lado, estaba lleno de dolor, odio, engaño,

RENOVACION

soledad, lágrimas, pobreza y destrucción. Tu situación actual y tus pensamientos pueden estar arrastrándote de regreso a donde estabas, pero Dios tiene algo mejor para ti.

No todas las puertas cerradas son demoníacas. Dios cierra las puertas para mantener algunas afuera y para mantener algunas adentro. ¡Gracias a Dios por el cierre y la nueva dirección! Si el pasado fuera el mejor, Dios lo habría mantenido unido. Entiende, el trabajo que perdiste, la relación que se rompió o la iglesia en la que fuiste víctima no fue la mejor de Dios.

Hay una canción que dice "mi cuerpo está aquí pero mi mente está del otro lado de la ciudad", esa es la esencia de este diálogo. ¿Dónde están tus pensamientos y tu espíritu? ¿Estás en el lugar de la voluntad de Dios o estás en el lugar donde Dios ha cerrado? A menudo, nos enfocamos en lo físico pero no en lo mental y lo espiritual. ¿Estás en la cama con tu cónyuge pero piensas en otra persona? ¿Anhelas ser tocado por un ex amante? ¿Todavía sueñas con esa persona a quien le diste tu corazón cuando eras adolescente? ¿Todavía recuerdas con alegría las alegrías de tu vida de pecado? Me encanta la línea de la canción "Reprise" que dice: "No puedo regresar. No volveré a la forma en que solía ser antes de que tu presencia viniera y me cambiara ". Seamos resueltos, no nos estamos atascando o volviendo a nuestro pasado. Estamos dejando de lado las pérdidas y avanzando hacia nuestro "Siguiente". La esposa de Lot necesitaba hacer una transición del conocimiento a la fe y falló. Lo que ella sabía y se le ordenó dejar atrás era conocimiento. Lo que se le ordenó perseguir por fe fue su

RENOVACION

siguiente. Sin embargo, ella mató a su *siguiente*.

ALIGERANDO LA CARGA

A medida que avanzamos en nuestro próximo, comencemos por aligerar nuestras cargas. A veces, con buenas intenciones, nos estiramos tanto que no tenemos ningún efecto. Debemos esforzarnos por dejar de bombardearnos con cada cuidado que se presente. Hace años, me preguntaron si hay algún "no" en mi boca. Lo siguiente puede sonar duro, pero tuve que aprenderlo. Está bien decir "no". No solo decir no, sino aceptar no también. Luchamos con la sensación de que hemos sido rechazados. Pero la verdad es que lo que es una prioridad para ti no es necesariamente una prioridad para otra persona. El pastor David Grant dijo una vez: "No porque algo sea una prioridad para alguien, significa que también debe ser tuyo". No siempre conseguiremos lo que queremos. Aligerando su carga, debe dejar espacio para lo mejor diciendo no al bien. Lo bueno tiene el potencial de engañarte para que creas que has llegado a tu cima, mientras que el mejor te mira con deseo.

Cada cuatro años encontramos nuestros ojos pegados a una pantalla que se proyecta mientras vemos a nuestros atletas favoritos hacer su oficio en los Juegos Olímpicos. Mi competencia más vista es el atletismo. Lo que se nota es el escaso aderezo que se muestra. No hay equipos o equipos de entrenamiento pesado. Entienden que irán rápido y contra la competencia. Al renovar nuestras mentes debemos correr la luz como se

RENOVACION

ve en Hebreos 12: 1.

> Por lo tanto, al ver que también estamos rodeados de una nube de testigos tan grande, dejemos de lado todo peso y el pecado que nos acosa con tanta facilidad, y corramos con paciencia la carrera que se nos presenta (Hebreos 12: 1)

Las pesas están obstaculizando nuestra capacidad de correr y nos hacen experimentar dificultad espiritual para respirar, cansancio y tirones musculares. Debemos, eliminar de nuestra vida todo y todos los que nos impidan correr la última carrera de la vida eterna que se nos presenta. Para que esto se logre, debe ejecutar cada luz Siguiente. La verdad es que muchos de nosotros hoy hemos luchado por dejar ir cosas / personas en esta vida sin quienes creemos que no podemos vivir. Lamentablemente, algunas de estas personas / cosas a las que nos aferramos nos impiden maximizar nuestro Siguiente y cumplir nuestro propósito.

Esta es una lucha común entre los hijos de Dios, especialmente en la era actual, donde ha habido un aumento de las distracciones en el mundo. Debemos abrazar ese lugar de separación. En el futuro, debemos analizar nuestras vidas. Piense en los ajustes que se pueden hacer y los pesos que se pueden dejar de lado para correr la carrera que tenemos por delante. No queremos simplemente correr la carrera sino correr de manera efectiva. Sea consciente de esta verdad, cada Siguiente es como pequeñas razas que conducen a la raza principal de la vida eterna.

RENOVACION

En nuestra búsqueda de soltar los pesos, debemos considerar los pesos espirituales. Los lazos delalma, las relaciones del pacto de sangre que aún llevamos después de 10 años de separación física, y el peso de estar en la tarea equivocada. ¿Es el trabajo que está haciendo un peso o una tarea? ¿Estamos espiritualmente autorizados para funcionar en esa capacidad? Hay un peso que muchos de nosotros tenemos que pretendemos que no existe. Es el resentimiento de nuestros padres y líderes de la iglesia. 1 Juan 4: 20b dice: "Porque el que no ama a su hermano a quien ha visto, ¿cómo puede amar a Dios a quien no ha visto?" ¿Cómo podemos resentir o detestar a nuestros padres terrenales, tanto físicos como espirituales, y decir que amamos a Dios? Si te declaras culpable, este es un peso del que debes aligerarte.

El favoritismo es también un peso con el que caminamos. En una familia de varios hermanos, la madre, un cristiano devoto, fue acusado de favorecer a un niño sobre los demás. Su defensa fue: "Jesús también tenía favoritos". Basamos nuestro favoritismo en los antecedentes educativos, la religión, el tono de la piel o la belleza, pero lo que echamos de menos es que todos somos iguales a la vista de Dios. Mientras buscamos la Renovación de la Mente, comencemos a ver a través de los lentes de nuestro Creador. La igualdad no es un regalo, es un derecho. A medida que aligeras el peso en pos de la renovación de tu mente, comprende que las personas son diferentes. En lugar de preferir uno sobre otro, aprecie su individualidad y sus diferencias.

RECONOCIENDO ERRORES DEL PASADO

RENOVACION

Si va a tener éxito en su Siguiente, debe mirar los errores que cometió en el pasado y hacer los cambios necesarios. Sí, mi hermana, mi hermano, se necesitan cambios. A Albert Einstein se le atribuye la cita, "la locura está haciendo lo mismo repetidamente pero esperando un resultado diferente". Empleando la misma actitud y acciones del pasado, producirá los mismos resultados en el presente y en el futuro. Durante demasiado tiempo hemos analizado los errores de los demás y lo que han hecho, pero nos hemos negado a examinarnos a fondo. Solo nos estamos venciendo a nosotros mismos cuando nos negamos a reconocer que contribuimos a nuestros fracasos pasados. A medida que renueve su mente para pasar a la siguiente, sepa esto: nada ha cambiado, nada nuevo experimentado. La novedad se esconde en abundancia detrás de lo conocido.

SÉ TU PROPIO COPERO

El obispo TD Jakes habló sobre tres tipos de personas, confidentes, camaradas y constituyentes. Los confidentes son pocos, estos son los que están interesados en ti, ya sea que estés en problemas o no. Estos te dicen cuando tienes razón o estás equivocado. Los constituyentes están en mayor cantidad. No te interesan, sino a ti. Mientras estés en lo que les gusta, viajarán contigo. Si viene alguien que pueda avanzar en su agenda, lo dejarán.

Los camaradas son las personas que no son para ti pero están en contra de lo que tú estás en contra. Puede

RENOVACION

que ni siquiera les gustes, pero odian lo que odias. ¡No están contigo! A medida que renueve su mente, no se deje engañar: el acuerdo no siempre equivale a la unión. Tenga en cuenta que no clasificar adecuadamente a las personas que son frecuentes en su vida es una receta para el desastre. Piense en la devastación de tratar a un compañero como confidente. Un compañero cercano mal etiquetado puede ser peor que un enemigo abierto. Cada categoría de personas debe permanecer en su círculo de descripción.

Los camaradas están en el círculo externo, los constituyentes en el círculo y los confidentes en el círculo interno. Tu círculo interno será muy pequeño. Renueva tu mente de esta manera; es más fácil para la persona que está cerca de ti lastimarte que la que está lejos. Bob Marley en una de sus canciones dice "solo tu amigo conoce tu secreto, solo él puede revelarlo". Esto no es nada nuevo. Los reyes de la antigüedad sabían esto y empleaban los servicios de los coperos. De acuerdo con la International Standard Encyclopedia, un copero es:

Un oficial de alto rango en las antiguas cortes orientales, cuyo deber era servir el vino en la mesa del rey. Debido al miedo constante a las tramas e intrigas, una persona debe ser considerada como totalmente confiable para mantener esta posición. Debía protegerse contra el veneno en la copa del rey, y a veces se le exigía que tragara un poco de vino antes de servirlo.

Eres tu propio copero. Presta mucha atención a aquellos que permites en nuestra proximidad. Veamos

RENOVACION

Mateo 26: 47-50:

Y mientras aún hablaba, he aquí, llegó Judas, uno de los doce, y con él una gran multitud con espadas y bastones, de parte de los principales sacerdotes y ancianos del pueblo. Ahora, el que lo traicionó les dio una señal, diciendo: "A quien quiera que bese, ese es él: sostenlo". Y de inmediato se acercó a Jesús y le dijo: Salve, maestro; y lo besé Y Jesús le dijo: "Amigo, ¿por qué has venido?" Entonces vinieron, y echaron mano a Jesús, y lo tomaron (Mateo 26: 47-50).

A medida que ingrese en el *próximo* de su vida, tenga cuidado de no creer que cada sonrisa, risa, beso o apretón de manos sea amigable y tenga buenas intenciones. Tenga en cuenta que el nuevo trabajo o esposo podría haber sido la petición de oración de alguien. Como cristianos, confiamos demasiado. 1 Juan 1: 1 advierte en contra. Debemos probar cada espíritu. Nos equivocamos al compartir nuestra historia con todos, detenerlo. En esto, tu *Siguiente*, aplica la sabiduría. Aprender a hacerlo es difícil a veces, pero tenemos que pedirle sabiduría al Espíritu Santo. Confíe en que no todos los que nos rodean tienen buenas intenciones. Solo tenemos que hablar menos y mostrarles los resultados. Dios proveerá a ese individuo en quien puedes confiar. Puede que solo sea un extraño.

Las bendiciones de tu *próximo* te harán ganar y perder algunos amigos. Tu siguiente es tan compacto, que incluso los amigos presentes no podrán celebrar

RENOVACION

contigo. Su elevación revelará la envidia oculta en los corazones de algunos familiares y amigos presentes. Si prestamos mucha atención, veremos que la sonrisa cambia. Observe la poca frecuencia de las llamadas telefónicas. Note que Jesús le dijo a Judas, "un amigo me traiciona con un beso". Jesús se refirió a él a pesar de su acto malvado como amigo. En su Siguiente, no permita que las malas acciones de una persona lo conviertan en amargado. Renueva tu mente con esta verdad, *no dejes que la amargura tome tu gloria.*

DESCENDIENDO

No te atrevas a creer que todos los que llevaste antes, deben acompañarte en el *Siguiente*. Habrá la necesidad de reducir. Examinemos Hechos 15: 36-40:

> Y algunos días después de que Pablo dijo a Bernabé: Vayamos de nuevo y visitemos a nuestros hermanos en cada ciudad donde hemos predicado la palabra del Señor, y veamos cómo lo hacen. Y Bernabé decidió llevar con ellos a John, cuyo apellido era Mark. Pero Paul pensó que no era bueno llevarlo con ellos, que se apartó de ellos de Panfilia y no fue con ellos al trabajo. Y la disputa fue tan fuerte entre ellos, que se separaron uno del otro: y entonces Bernabé tomó a Marcos y navegó a Chipre; Y Pablo escogió a Silas, y partió, siendo recomendado por los hermanos a la gracia de Dios (Hechos 15: 36-40).

RENOVACION

Bernabé quería llevar a Mark con ellos, pero Paul no estuvo de acuerdo. Paul pensó que Mark no era un buen candidato porque los había abandonado antes. Paul se mantuvo firme, "porque mi *Next* Mark no ha demostrado ser digno de llevar". Esta es una profunda renovación de la mente. Aunque duele, tenemos que liberar, perdonar y seguir adelante. Los más difíciles de dejar atrás son aquellos que son buenos contigo. Te respaldaron, rezaron contigo y te dieron orientación. Sin embargo, todavía no forman parte de su Siguiente.

Mirando en el ámbito tecnológico, nos encontramos con disquetes que fueron inventados en 1967. Hoy en día los disquetes ya no se utilizan. La generación más joven no está familiarizada con este mecanismo de almacenamiento. El disquete sirvió bien en su época, pero se extinguió. Asegúrese de que no todo lo que le sirvió bien debe tomarse en su Siguiente. A medida que renueve su mente, tenga en cuenta que no todos entran en su vida con una fecha "sin vencimiento". Algunas personas vienen por temporadas o períodos. Hay personas que te apoyan ahora, que lo han estado deteniendo desde el primer paso pero no pueden unirse a ti en su Siguiente. Y no solo no puede acompañarlo, sino que no puede obtener ninguna información al respecto. Comienza a rezar. Pídale a Dios que le revele aquellos que son parte de su próximo.

PREPÁRESE PARA LA RETROALIMENTACIÓN NEGATIVA

Aprendemos una poderosa lección para nuestro

RENOVACION

Siguiente de Nehemías, no es necesario que publique su próximo movimiento. Veamos Nehemías 2: 12-16.

> Y me levanté en la noche, yo y algunos hombres conmigo; ninguno le dijo a ningún hombre lo que mi Dios había puesto en mi corazón para hacer en Jerusalén: tampoco había ninguna bestia conmigo, salvo la bestia sobre la que cabalgué. Y salí de noche por la puerta del valle, incluso antes del pozo del dragón, y hacia el puerto de estiércol, y vi los muros de Jerusalén, que se derrumbaron, y sus puertas se consumieron con fuego. Luego fui a la puerta de la fuente, y al estanque del rey: pero no había lugar para que pasara la bestia que estaba debajo de mí. Luego subí por la noche junto al arroyo, miré la pared, volví y entré por la puerta del valle, y así volví. Y los gobernantes no sabían adónde fui ni qué hice; ni siquiera se lo había dicho a los judíos, ni a los sacerdotes, ni a los nobles, ni a los gobernantes, ni al resto que hicieron el trabajo (Nehemías 2: 12-16).

Los estaban posicionados para ayudarlo. Era el portador visionario del sueño. Sin embargo, él sabía que debe asegurarse de que su boca no esté funcionando con diarrea. Señor, danos agua tibia salada espiritual o pepto bismol. Si está trabajando en una pequeña empresa y cada vez que lo relaciona con amigos, es como si volviera al paso uno, tenga en cuenta que Dios quiere que cierre la boca. Solo Él debe saber tu próximo movimiento. Cuando era niño, mi madre tenía una placa en la pared que decía: "Señor, ayúdame a mantener la

RENOVACION

boca cerrada". Tus pensamientos son tan valiosos que Dios los ocultó del mundo exterior. Son el elemento más seguro de un ser humano. *Renueve su mente de esta manera, una boca abierta expone su mente, la exposición atrae en función del contenido expuesto. Sea selectivo en cuanto a quién o qué atrae con sus pensamientos expresados.*

Prepárese para recibir comentarios negativos, pero nunca se disculpe por la bendición del Señor sobre su vida. ¡Tienes que ir a tu siguiente! La verdad es que algunas personas no pueden manejar sus planes y aspiraciones. A veces te tienen miedo a ti y a tu visión. Si amas a tu familia y amigos, no debes cargarlos con lo que no están equipados para manejar tus sueños y visiones.

En 1 Reyes 13, Dios le dijo al joven profeta que fuera a hablar con el rey y el Señor le ordenó que no comiera ni bebiera, sino que entregara el mensaje y se fuera. Pero el profeta mayor se enteró de lo que había hecho, y fue y le dijo al joven profeta que el Señor le dijo que le dijera que viniera a comer y beber con él. Le mintió al profeta más joven y debido a que el profeta más joven desobedeció a Dios, no logró regresar a su hogar. Fue asesinado en su camino.

En su Siguiente, se encontrará con un espíritu mentiroso que no le gusta lo que Dios está haciendo a través de ti. Pero ellos no saben del sacrificio que hiciste para estar donde estás en Dios. Y como son el asesino de tu destino, vendrán como lobos vestidos de ovejas. Necesitas ojos espirituales para discernirlos porque vienen y vienen bien. Pero no significan nada bueno. Son

RENOVACION

mentirosos y manipuladores, que quieren alejarte de la voluntad de Dios y luego reírse de ti. Están en todas partes, incluida la iglesia. Hablan y hablan y caminan por todo tipo de grandes títulos. Tenga cuidado en su próximo a quién escucha. Un espíritu mentiroso me dijo una vez una mentira que me hizo invertir y perder dinero. Las mentiras están diseñadas para sonar como la verdad.

CAMBIA TUS EXPECTATIVAS

En su *Siguiente,* una renovación mental necesaria es: *aumente su nivel de solicitud a Dios.* Has estado preguntando demasiado pequeño. Cuando estudié en el Seminario Teológico de Jamaica, vi a un profesor con un proyector muy bueno. Le pregunté el costo y cuando me dijo el precio exorbitante, respondí: "Eso es demasiado para mí". El profesor dijo profundamente: "Eso depende del tamaño de tu Dios". Nunca funcionarás fuera de los parámetros de tu fe. Si lo ves como un Dios pequeño, con capacidades pequeñas, nunca necesitarás nada grande de Él. Las peticiones que le hagas, dan testimonio de tu convicción de fe.

Su solicitud refleja su fe. Es hora de que tu fe crezca. A medida que su fe crece, sus expectativas también crecen. Si estás leyendo esto y caminando con la expectativa de fallar, Dios quiere que pares. Es posible que haya experimentado fallas con tanta frecuencia que haya llegado a esperar el fracaso. Deja de hacer del fracaso tu entorno.

Necesitas un mentor espiritual. Ayuna y pide a Dios que te conecte con ayudantes del destino. Una

RENOVACION

manifestación de un hombre o mujer de Dios ungido es su capacidad y disposición para someterse a liderazgo, corrección y enseñanza. Emplean el perdón rápido y la obediencia. Dios quiere que alguien sepa, tu futuro es mejor, más brillante, más ligero y más rico. Cosas con las que luchó y luchó en el pasado y en el presente, con las que no luchará en el futuro.

En Mateo capítulo 15, vemos a una madre que se niega a ser ignorada o dejada de lado. Ella quería que la vida de su hija cambiara. Su hija necesitaba curación y se negó a aceptar un no por respuesta. La madre con la hija enferma podría haberse dado la vuelta porque fue insultada por Jesús. Pero ella presionó su Siguiente. Estar desesperado por entrar y recibir toda la victoria en tu Futuro. Tienes que ser ferviente. No hay lugar para ser de piel delgada en este su Siguiente. Declara que este próximo es tu temporada ganadora. ¡Todo lo que esté unido a ti ganará y prosperará en el poderoso nombre de Jesús!

Recientemente, el Espíritu Santo dijo: "estás a punto de ser desafiado". Esto significaba que estaba en posición de pasar al siguiente nivel. Ese crecimiento por el que he estado orando, lloré y deseé está a la mano. Su próximo podría no ser un paseo por el parque. ¿Estás listo para tu futuro?

CLAVES DE RENOVACION MENTAL

RENOVACION

En este capítulo sobre "Tu próximo", hemos compartido algunas claves de Renovación mental para ayudarte a convertirte en una mejor persona. Aquí hay un resumen de estas claves que puede aplicar a su vida diariamente o según surjan las circunstancias. Lee y medita en ellos. Ora y declara sobre tu vida caminar en la victoria que Dios ha preparado para ti.

1. Cuanto mayor sea tu Siguiente, mayor será la oposición
2. Nunca recibirá lo que le espera hasta que deje ir lo que ha perdido.
3. Tus mejores días aún están por vivir.
4. No todas las puertas cerradas son demoníacas.
5. Deje espacio para lo mejor diciendo no a lo bueno.
6. Nada cambió, nada nuevo experimentado. La novedad está escondida en abundancia más allá de lo conocido.
7. El acuerdo no siempre equivale a la unión.
8. No creas que cada sonrisa, risa, beso o apretón de manos es amistoso y te quiere decir bien.
9. Habla menos pero muestra los resultados.
10. Dios proveerá a ese individuo en quien puedes

RENOVACION

confiar. Puede que solo sea un extraño.

11. Su elevación revelará la envidia oculta en los corazones de algunos familiares y amigos presentes.
12. No dejes que la amargura tome tu gloria.
13. No todos entran en tu vida con una fecha de "no caducidad". Algunas personas vienen por temporadas o períodos.
14. Una boca abierta expone su mente, la exposición atrae en función del contenido expuesto.
15. Prepárate para comentarios negativos. Pero nunca te disculpes por la bendición del Señor sobre tu vida.
16. Demuestra amor al no abrumar a familiares y amigos con tus sueños y visiones.
17. Espere comentarios negativos.
18. Asegúrese de que su boca no esté funcionando con diarrea.
19. Los nuevos desafíos pueden ser una señal de nuevas bendiciones.

CAPÍTULO 16:
MARAH A ELIM

"Haz de tu dolor tu agente propulsor".

—Leostone Morrison

Los hijos de Israel viajaron desde el lugar de la esclavitud a la tierra prometida de libertad y abundancia. Sin embargo, no estuvo exento de desafíos y contratiempos. Un desafío encontrado se registró en Éxodo 15: 22b-25.

> Y estuvieron tres días en el desierto y no encontraron agua. Y cuando llegaron a Mara, no podían beber de las aguas de Mara, porque estaban amargados: por eso su nombre se llamaba Mara. Y el pueblo murmuró contra Moisés, diciendo: ¿qué beberemos? Y clamó al Señor; y el Señor le mostró un árbol, que cuando lo arrojó a las aguas,

las aguas se hicieron dulces: allí les hizo un estatuto y una ordenanza, y allí los probó (Éxodo 15: 22b-25).

Extraigamos algunas claves de Renovación mental del pasaje mencionado anteriormente.

1. DIOS TIENE LA RESPUESTA

¿Podemos cambiar nuestra actitud de creer que tenemos las respuestas o que las respuestas deben venir de nosotros? La verdad es que no tenemos las respuestas. Dios tiene las respuestas. La gente gritó a su líder Moisés, "necesitamos agua para beber". A medida que renueve su mente, sea específico en sus preguntas. Se encontró agua en Marah. Por lo tanto, el agua no era el problema. La condición o el estado del agua era el problema. Renueve su mente con esta verdad, no se deje engañar, no todas las disposiciones equivalen a una solución. Moisés no dijo: "Volvamos al Mar Rojo por agua". Quedémonos aquí un poco.

No vuelvas a donde Dios te libró. Te separaste de tu esposo/esposa, tu trabajo, etc., y estás enfrentando tiempos difíciles, no vuelvas a mendigar, sigue adelante. Escuche esto: la falta, la insuficiencia y la pobreza pueden ser ídolos porque la mentalidad se ha elevado por encima de la Palabra y el conocimiento de quién es Dios.

La provisión para ti está más cerca de lo que piensa. Debes tener una mente decidida como la mujer con el tema de la sangre registrado en Mateo 9:21. Ella dijo: "si pudiera tocar el dobladillo de su prenda, sé (no quizás) que se me curará". Esa es la mente renovada que necesitamos implementar. Reemplace la actitud de tal vez con la de seguridad, certeza. Sé que Dios es mi respuesta.

La mujer con el problema de la sangre no estaba sola en ser firme en la convicción. En Daniel capítulo 3, el rey Nabucodonosor hizo una estatua de oro y ordenó a todos en la provincia que se inclinaran ante ella. Tres niños hebreos: Sadrac, Mesac y Abednego, se negaron a inclinarse. Solo se inclinaron ante Jehová Dios. El rey en su furia amenazó con arrojarlos al fuego si no cumplían con sus demandas. Los muchachos hebreos dijeron, "oh rey, no tenemos cuidado de responderte de esta manera, pero sabemos que nuestro Dios nos librará de tus manos, y si Él elige no hacerlo, todavía no nos inclinaremos ante tu estatua". ¡No te inclines! No te inclines ante el sistema del mundo ni ante las exigencias del mal. No te inclines ante la presión de los deseos y las necesidades. Moisés al responder al clamor del pueblo, clamó a Dios. Fue Dios quien envió a Moisés. Por lo tanto, vuelve a Dios. ¡Bien hecho Moisés! Recuerda cómo comenzó el viaje. Quédate con la fuente.

2. LA RESPUESTA PODRÍA NO SER CONVENCIONAL

¡Advertencia! ¡Deja de intentar dictarle a Dios cómo quieres que se haga! Deja de usar la escritura "el Señor concede los deseos de nuestros corazones" (Salmo 37: 4) para justificarte tratando de intimidar a Dios. Lea nuevamente, Dios le concederá los deseos de su corazón si se deleita en Él. Entonces Dios no matará a tu ex esposa / ex esposo porque lo deseas. Una provisión de agua fácil o más convencional sería enviar lluvia, pero eso no es Dios. Es espectacular, poco común, y no hay nada ordinario en él. Cuando lo hace, todos saben que lo hizo.

Dios le mostró a Moisés un árbol. Por favor, preste atención cuando Dios está hablando. Él habla de diferentes maneras. Él habla a través de Su Palabra (la Biblia), audiblemente, a través de canciones, signos, naturaleza, sueños, visiones, etc. Sin embargo, cuando te habla, escucha. A veces oramos por cosas de las que Dios ya nos ha hablado. Dios le mostró a Moisés un árbol. Lo arrojó al agua y la amargura se fue, se volvió dulce. Presta atención. El nombre del árbol no fue dado. Es decir, por sí mismo este árbol no tenía propiedades medicinales. No tiene nada de especial, pero cuando Dios lo usa, eso cambia. Nunca subestimes a los que te rodean. Es posible que tus ayudantes del destino no vengan con títulos y prestigio. Podría ser un niño pequeño sin nombre con su pescado y pan. Nunca olvides que Dios no ve como ven los hombres. Por lo tanto, las respuestas de Dios no están destinadas a ser convencionales.

Esta enseñanza es muy querida para mí, tal como la he vivido. Estar en el círculo insignificante debido a la pobreza (financiera) y ver el cambio de Jesús. No debo alabar a nadie, salvo a mi Dios. Lo hizo, una y otra vez. Mira lo que ha hecho el Señor. No me avergüenzo de mi pasado y tú tampoco deberías estarlo. Dios te ha transformado. Ya no eres un árbol sin nombre en el lugar de Marah (amargura).

Dios sabe cómo transformar a *nadie* en *alguien*. Deja de verte a ti mismo como insignificante. Ese capítulo de tu vida terminó abruptamente cuando Jesús entró en tu corazón. Tu muerte al pecado ahogó insignificancia. Eres más de lo que tú u otros te ven. Ven a un empleado, pero Dios ve a la persona que hace que la compañía sea bendecida. Ven a un pastor, Dios ve a un revolucionario. Esta fuerza de renovación mental necesita repetirse. Mírate a ti mismo desde los lentes de Dios.

Desafortunadamente, hemos estado sufriendo el enfoque equivocado. Nos hemos centrado en las deficiencias, problemas, nuestras propias capacidades e insuficiencias. Dios quiere que seamos victoriosos. El remedio para el sentimiento de insuficiencia es magnificar a Dios por encima de todo. Una cosa es no tener nombre, pero no tener nombre en Marah es otra historia. Dios es el cambiador de la historia. El Señor quiere que sepas, dónde estás ahora, podría ser nuevo para ti, pero este no es tu entorno preferido. Sigue confiando en Dios. No está limitado al espacio, ubicación o tiempo. Él no va a aparecer, ya está allí. Él te tiene donde estás porque quiere bendecirte y usarte en presencia de tus enemigos. El enemigo te vio como insignificante, pero cuando obedeces a Dios, sabrán que no hay nada insignificante en ti.

Piensa en la oposición que tienes, ¿había algo insignificante en ellos? ¿Cómo puedes ser insignificante? Escuché al Espíritu Santo decir: "crees que eras insignificante, así de grave fue la guerra, pero no lo eres". Tu guerra no es normal. El rechazo de la familia, amigos, vecinos, esposo, esposa, no es nada normal. Cuando tienes sabiduría sobre quién eres en la guerra, operas como vencedores. No eres insignificante

3. DOLOR: SU AGENTE PROPULSOR

Escuche lo que dice el Espíritu Santo: "ves dolor, Dios ve la plataforma de lanzamiento". Tu dolor es tu agente propulsor. Si el agua no hubiera sido amarga, ese árbol no habría sido usado. El propósito del árbol no se habría realizado. Pain te conecta con tus ayudantes del destino. Tan fuerte como puedas, grita: "No soy insignificante". Tu dolor no es insignificante. Fue bueno que estuvieras afligido, rechazado, perseguido, abandonado, divorciado, marginado, etc. El valor de la libertad no se conoce hasta que se te desafía con la opresión. Agradecemos a Dios por la buena salud, pero mira cómo la persona que estaba enferma y ahora se recuperó, cómo le agradece de manera diferente.

4. NO TE QUEDES ATRAPADO EN MARAH

"Y llegaron a Elim, donde había doce pozos de agua, sesenta y diez palmeras, y acamparon allí junto a las aguas" (Éxodo 15:27). Tenga en cuenta que antes de llegar a Elim, tuvieron que pasar por Marah. No te quedes en Marah, Elim te espera. A medida que renovamos nuestras mentes, rechacemos permanecer en un lugar fijo porque vimos la mano de Dios demostrada allí. Hay más por saber de Dios a medida que continuamos el viaje juntos. No querrás vivir preguntándote qué te perdiste porque te quedaste atascado en Marah.

En Marah, el árbol no tiene nombre, pero en Elim, sabemos el nombre y la cantidad de los árboles (10 olivos). Marah es donde se ven los bolsillos de las bendiciones. Muchos residen allí por no darse cuenta de que el Señor ha provisto una ventana abierta el cielo en Elim. No se conforme con las migajas en Marah y no llegue a la mesa preparada para ti en Elim. Desafortunadamente, muchos han sido engañados para creer que quedarse en Marah es una señal de agradecimiento. Pero escúchame, mientras renovamos nuestras mentes: permanecer en Marah y disfrutar de las migajas es en realidad una demostración de ingratitud. Es un rechazo de las bendiciones preparadas de antemano en Elim. Persigue tu Elim. Los desafíos que soportaste en Marah no se verán en Elim.

Compara Marah con Elim. En Marah se quejaron de la falta de agua. En Marah, tenían agua amarga convertida en agua dulce. En Elim, tenían doce pozos de agua y diez palmeras. Una lección importante es: *a pesar de toda la amargura, los desafíos y los ataques del enemigo que enfrentamos, si permanecemos fieles y obedientes a Dios, él nos llevará a recibir las bendiciones que ya nos tiene reservadas.*

CLAVES DE RENOVACION MENTAL

En este capítulo sobre "Marah to Elim", hemos compartido algunas claves de renovación mental para ayudarlo a convertirse en una mejor persona. Aquí hay un resumen de estas claves que puede aplicar a su vida diariamente o según surjan las circunstancias. Lee y medita en ellos. Ora y declara sobre tu vida caminar en la victoria que Dios ha preparado para ti.

1. Sea específico en sus preguntas.
2. No todas las disposiciones equivalen a solución.
3. Escucha esto: la falta, la insuficiencia y la pobreza pueden ser ídolos porque esa mentalidad se ha elevado por encima de la Palabra y el conocimiento de quién es Dios.
4. Reemplace la actitud de tal vez con la de seguridad y certeza. Sé que Dios es mi respuesta.
5. ¡Deja de intentar dictarle a Dios cómo quieres que se haga!
6. Tus ayudantes del destino podrían no tener títulos y prestigio.

7. Mírate a ti mismo desde los lentes de Dios.
8. Tu dolor no es insignificante. Úselo como su agente propulsor que lo conecta con sus ayudantes del destino.
9. A pesar de la amargura y los desafíos, tus bendiciones preparadas te esperan.

CAPÍTULO 17:
SUPERAR

"La crisis es una herramienta poderosa si se usa de manera efectiva y es capaz de atraer la creatividad de cada ser humano".

—Leostone Morrison

Despues de un ensayo con Dios, era hora de que Moisés viera la mano de Dios estar con él. Dios lo preparó antes de irse. Imaginemos que si no hubiera sido entrenado o procesado, cómo habría huido del faraón cuando su vara se convirtiera en una serpiente.

Y Moisés y Aarón fueron a ver a Faraón, y lo hicieron tal como el Señor le había ordenado; y Aarón arrojó su vara ante Faraón y ante sus siervos, y se convirtió en serpiente. Entonces Faraón también llamó a los sabios y a los hechiceros: ahora los magos de Egipto, también hicieron lo mismo con sus encantamientos. Porque arrojaron a cada uno su vara, y se convirtieron en serpientes; pero la vara de Aarón se los tragó (Éxodo 7:

10-12).

Ese es el Poder Supremo de Dios. Esto muestra el control divino sobre cada situación. Grande es el misterio de Dios. Esta cuenta fue una de las primeras que me resaltó que Satanás tiene poderes. La vara de Moisés se convirtió en una serpiente. Los magos del faraón también arrojaron sus varas y se convirtieron en serpientes. Al renovar nuestras mentes, primero seamos conscientes de esta verdad: *el poder de Dios reemplaza al poder de Satanás.*

En segundo lugar, no seas cazador de signos, ya que hay milagros falsificados. Reduzcamos la velocidad. Este es un asunto serio. Los magos de Faraón hicieron lo mismo que Aarón. Esto ha plagado a la iglesia y al mundo. Los trabajadores malvados desfilan como hombres y mujeres con la unción del Espíritu Santo. La gente está tan desesperada por una señal que el diablo no tiene que perder el tiempo para que parezca auténtico. La búsqueda de signos no es un fenómeno nuevo. En Mateo 12: 38-39, vemos hombres pidiéndole a Jesús una señal.

> Entonces, algunos de los escribas y de los fariseos respondieron diciendo: "Maestro, veríamos una señal de ti". Pero él respondió y les dijo: "Una generación malvada y adúltera busca una señal; y no se le dará señal, sino la señal del profeta Jonás ... (Mateo 12: 38-39)

La serpiente de Aaron venció a las serpientes de los magos. No eran rival, aunque la serpiente de Aaron era superada en número. No estaba en su lugar habitual. Renueve su mente de esta manera, su victoria no depende de un lugar de familiaridad sino de la fuerza de su comandante. El Señor quiere tranquilizarte. "No se deje perplejo por los números en su contra o las probabilidades en su contra". Cuanto mayores sean las probabilidades, mayor será la magnificencia de tu victoria. Tal como están las cosas, eres el vencedor menos probable pero descansa en el conocimiento de que "... mayor es el que está en ti que el que está en el mundo" (1 Juan 4: 4b).

Mira la historia de David y Goliat. Aquí las palabras de Goliat en 1 Samuel 17: 43-44.

> Y el filisteo dijo a David: ¿Soy un perro que me traes con bastones? Y el filisteo maldijo a David por sus dioses. Y el filisteo dijo a David: Ven a mí, y daré tu carne a las aves del cielo y a las bestias del campo.

Oyes las palabras del rey Saúl en 1 Samuel 17:33.

> Y Saúl le dijo a David: No puedes ir contra este filisteo para pelear con él, porque no eres más que un joven, y él un hombre de guerra desde su juventud.

Oyes las palabras de Eliab, el hermano de David, en 1 Samuel 17:28.

> Y Eliab su hermano mayor escuchó cuando habló a los hombres; y la ira de Eliab se encendió contra David, y él dijo: ¿Por qué bajaste aquí? ¿Y con quién has dejado esas pocas ovejas en el desierto? Conozco

tu orgullo y la maldad de tu corazón; porque has descendido para poder ver la batalla. El enemigo (Goliat), el Rey (Saúl) y Eliab (hermano de David) lo vieron como insignificante. Eliab lo menospreciaba amargamente, cuando clasificó el trabajo de David como cuidar (pocas) ovejas.

Deje que ayer sea el último día en que acepte la percepción de que es insignificante del enemigo, el liderazgo o los miembros de la familia.

Es posible que no tenga un trabajo o posición de alto perfil en la iglesia, en su familia o sociedad, pero no es de allí de donde proviene su valor, valor o importancia. Tenga en cuenta que el tamaño de su enemigo es un testimonio de su mandato, propósito, unción. Para David, fue Goliat quien desafió a todo un ejército. Para Moisés, fue Faraón quien fue visto como un dios y tenía casi dos millones de judíos en cautiverio.

No renuncies debido al tamaño de tu enemigo, tus problemas, situación, etc. Sepa que estás equipado para manejarlo. *Dios ha preaprobado tu victoria. No estás luchando para salir victorioso; ya ingresaste al vencedor.* Ve en la fuerza del Señor.

CONOCE TU PODER

Moisés estaba atendiendo al rebaño de su suegro cuando tuvo un encuentro. Vio algunos arbustos en llamas pero no fueron quemados. Esto cautivó su mente y se acercó para ver lo que estaba sucediendo. Desde la zarza, una voz: la voz de Dios le habló. Dios le dijo que lo estaba enviando a liberar a sus hijos de la esclavitud en Egipto. Al hacer que Moisés entendiera que no iba por su propia fuerza, Dios le dio un ensayo de lo que sucederá en Egipto.

Y el Señor le dijo: ¿Qué es eso en tu mano? Y él dijo: Una vara. Y él dijo: Tíralo al suelo. Y la arrojó al suelo, y se convirtió en una serpiente; y Moisés huyó de delante de él. Y Jehová dijo a Moisés: Extiende tu mano, y tómala de la cola. Y él extendió su mano, y la atrapó, y se convirtió en una vara en su mano (Éxodo 4: 2-4).

En el ensayo, Dios le mostró a Moisés que Dios podía dar vida a lo que no tenía vida y que tenía el poder de recuperar la vida. Le enseñó a Moisés que para que él sea exitoso, mantener una relación y obediencia es una necesidad. Moisés tuvo que conquistar su miedo y obedecer. La obediencia debe reemplazar al miedo. En los ensayos, Moisés vio su mano entera, luego lepros, luego entera otra vez. Esto, creo que Dios solía simbolizar a Israel. Estaban completos, luego se enfermaron (esclavitud) y ahora están a punto de recuperarse nuevamente.

Después del ensayo llegó la reunión que vemos en Éxodo 7: 10-12 con Moisés y Aarón ante Faraón. Este no fue el ensayo. Lo que Dios no le dijo a Moisés fue que después de que tu vara se convierta en una serpiente, los magos de Faraón harán lo mismo. Eso no fue parte del ensayo. Escucha esto, Dios nunca prometió contarte o darte todo de una vez. La enseñanza y el dar de Dios no se detienen en el ensayo. El ensayo es suficiente para aumentar tu fe y llevarte a bordo. ¿Qué haces cuando aparece lo que no estaba en los preliminares? En atletismo, lo llaman los calores. Debes seguir confiando en Dios. Te trajo hasta aquí, completará el viaje.

Cuando la realidad reemplaza al ensayo, mantén la calma. Mientras meditaba, este punto era fuerte. Mantenga la calma. No permitas que el ruido y la demostración de fuerza del enemigo te roben la estabilidad de la promesa. Mantén la calma, Dios tiene esto. Para ti, es una sorpresa que puedan convertir sus cañas en serpientes, pero para Dios, no lo es. Dios es plenamente consciente de su poder limitado. Cuando veas que el enemigo demuestra poder, mantén la calma. No se preocupe, perturbe, se vuelva dudoso y temeroso, mantenga la calma. Háblate a ti mismo ahora, "Mantén la calma. ¡Mantén la calma!

La vara de Moisés se tragó las varas de los magos. Esta fue la victoria número uno. Necesitas mirar hacia atrás en algunas victorias pasadas. El mismo Dios que aseguró esas victorias es el mismo Dios con ustedes hoy. ¡Alegrarse! Eras el único que estaba sorprendido. Dios sabía lo que podían hacer los magos, ellos sabían lo que podían hacer, y tú no sabías lo que podían hacer. No se detiene ahí. Dios sabe lo que puede hacer y lo que te usará para hacerlo. *Así que mantén la calma.*

El poder de Dios se demostró como el poder superior. A medida que continúe este viaje de la vida, asegúrese de estar en el lado ganador.

Y Aarón extendió su mano sobre las aguas de Egipto, y las ranas subieron y cubrieron la tierra de Egipto. Y los magos lo hicieron con sus encantamientos, y criaron ranas en la tierra de Egipto (Éxodo 8: 6-7).

Aarón obedeció a Dios y su poder fue demostrado por las ranas que subían a la tierra desde las aguas. Mira cuidadosamente. Los magos hicieron sus artes y criaron ranas también. En otras palabras, decían: "eso no es nada; podemos igualar lo que sea que hagas ". ¿Qué nos dice esto? No nos dejemos engañar, el enemigo tiene el poder de hacer señales y maravillas. Así es como puede engañar a muchos. Una de esas formas es la falsificación de la obra de Dios.

Recuerde, cuando Moisés arrojó su vara y se convirtió en una serpiente, los magos también hicieron lo mismo. Este es el poder de dos fuentes diferentes. Sin embargo, la serpiente de Moisés destruyó las serpientes del mago. Esto demuestra el poder superior de Dios. ¿A qué fuente estás conectado? Nosotros, como hijos de Dios, debemos entender que nuestro archienemigo y su reino son inferiores al reino donde somos ciudadanos. Por lo tanto, no solo tenemos un poder superior, sino también la autoridad para usar ese poder sobre el reino de las tinieblas. Esta es la posición desde la que haces la guerra.

No es un lugar para cuestionar si vamos a ganar, sino saber que el enemigo no es rival para nosotros. Renueva tu mente con esto, cuando el enemigo te ataca, en realidad está fuera de su alcance. ¡Dios mío! Entienda esto, no está luchando para salir victorioso, eso ya está decidido. No te dejes desconcertar o desconcertar por las obras del reino de las tinieblas. Sepa con certeza, no son rival. Ver este:

> Entonces el Faraón llamó a Moisés y a Aarón, y dijo: "Inténtan al Señor, para que él me quite las ranas y a mi pueblo; y dejaré ir a la gente, para que puedan sacrificar al Señor '(Éxodo 8: 8).

Para mostrar fuerza y superioridad, los magos no necesitaban traer más ranas; lo que tenían que hacer era deshacerse de las ranas. Pero no pudieron. Faraón reconoció el poder superior de Dios y le pidió a Moisés que le suplicara a Dios que retirara las ranas. El enemigo sabrá que operas a un nivel más alto. Aquí hay una verdad de Renovación Mental que debes emplear, *el enemigo no puede deshacer lo que Dios ha hecho en tu vida.* ¡Dios mío! ¡Alabado sea el Señor! Estás diseñado para ganar, tienes la victoria. El enemigo tuvo que rogar por un descanso, pero eso no lo haremos. No habrá descanso; Siempre estamos atacando sabiendo que la batalla ya está ganada.

Si tienes miedo de que el enemigo deshaga lo que Dios ha hecho, deja de hacerlo. Confía en Dios. Filipenses 1: 6 dice que Dios completará lo que ha comenzado. Dios no comenzó tu proceso de curación para dejarte a mitad de camino. Si Dios lo bendijo con el trabajo, Satanás no puede quitárselo. Comience a dictar a través del uso de su autoridad divina cómo va a funcionar esto. Se agresivo. El cristianismo pasivo no va a funcionar ... No en esta época. El diablo es un mentiroso.

David lo dijo amablemente en respuesta a las protestas de Goliat, y al hecho de que el ejército de Israel huyera de él en 1 Samuel 17: 45-47.

Entonces dijo David al filisteo: Tú vienes a mí con una espada, una lanza y un escudo; pero yo vine a ti en el nombre del Señor de los ejércitos, el Dios de los ejércitos de Israel, a quien tienes desafiado Este día el Señor te entregará en mi mano, y yo te heriré y te quitaré la cabeza; y hoy daré los cadáveres del ejército de los filisteos a las aves del cielo ya las bestias salvajes de la tierra; para que toda la tierra sepa que hay un Dios en Israel. Y toda esta asamblea sabrá que el Señor no salva con espada y lanza: porque la batalla es del Señor, y él te entregará en nuestras manos (1 Samuel 17: 45-47).

Reduzcamos la velocidad. Las batallas se pierden fácilmente. Se necesita más para ganar que para perder. La batalla nunca fue entre Faraón y Moisés o David y Goliat. Estaban entre Jehová Dios y los dioses de Egipto y los filisteos. La razón por la que no hemos visto más victorias es porque hemos estado librando una batalla espiritual en el reino carnal.

Mira Éxodo 7: 1, y el Señor le dijo a Moisés: "Mira, te he hecho un dios para Faraón, y tu hermano Aarón será tu profeta". Aquí Dios elevó a Moisés antes de que entrara. Presta mucha atención. Esta promoción no estaba en el ámbito físico; estaba en el reino espiritual. Hay muchos tipos de elevación, pero ninguno supera el del reino espiritual. Moisés no vio un aumento en el salario, en la amistad, en ninguna fiesta, etc., y su ascenso vino desde arriba. Cuando Dios nos da una palabra, debemos seguirla de cerca. Dios no dijo que te he convertido en un dios. Moisés era dios solo para Faraón.

Permítame apresurarnos para que nos mantengamos dentro de los parámetros de nuestra promoción. Si está elevado para entregar una palabra, entregue lo que recibió. No sumar ni restar. Ten cuidado. Vimos antes, que Moisés era el único que no sabía que los magos podían convertir sus varas en serpientes. Dios lo sabía, los magos lo sabían. Ahora, Dios y Moisés saben que Dios ha elevado a Moisés para ser un dios sobre Faraón. Adivina qué, ni Faraón ni sus magos sabían.

Renuevemos nuestras mentes entendiendo que Dios no te dará una tarea para la cual no te ha equipado. No debe esperar hasta conocer el plan completo de Dios antes de obedecer. En cambio, obedece cada instrucción a medida que se le dan. Independientemente de lo que Dios te haya ordenado que hagas, puedes estar seguro de que no estás enlistado para fallar.

USA LO QUE TIENES

Se desperdicia una cantidad de tiempo lamentable mientras las personas esperan su gran oportunidad ... esperando que cambie la marea. Al creer que la hierba es más verde en el otro lado, nos comparamos y soñamos con vivir como vemos a otros alardear. Siempre haciendo eco del sentimiento, "si". Si nací rico, brillante, vivía en otro país y la lista continúa. Lo que no reconocemos es que lo que tenemos es suficiente para ser utilizado. A medida que renovamos nuestras mentes, lleguemos al lugar donde estamos condenados por usar lo que tenemos.

> Entonces clamó a Elisea una mujer de las esposas de los hijos de los profetas, diciendo: Tu siervo, mi esposo, está muerto; y sabes que tu siervo temió al Señor; y el acreedor ha venido a llevarle a mis dos hijos para ser esclavos.
> Y Eliseo le dijo: ¿Qué haré por ti? dime, ¿qué tienes en la casa? Y ella dijo: Tu sierva no tiene nada en la casa, excepto una olla de aceite (2 Reyes 4: 1-2).

Jehová le hizo a Moisés una pregunta similar cuando expresó incredulidad. Dios dijo: "¿Qué es lo que tienes en la mano?" (Éxodo 4:2). Eliseo le dijo a la mujer viuda: "¿Qué tienes en tu casa?" ¡Renueva tu mente con esta verdad, lo que sea que la hayas usado! Usa lo que Dios te ha dado. ¿Puede cantar? Canta. ¿Puedes bailar? Baile. ¿Eres emprendedor? Hacer negocios.

Hoy, en el nombre de Jesucristo de Nazaret, declaro que la molestia autodestructiva de creer que no tienes lo que se necesita para lograr tu propósito está totalmente destruida en este momento. Durante demasiado tiempo, hemos estado viviendo en una prisión de comparación y competencia. El espíritu de comparación nos ha mentido y hemos creído que es mentira por demasiado tiempo. No necesitas tener todo lo que Mary tiene para tener éxito. ¿Es posible que cambiemos nuestro pensamiento a: "Con todo lo que estoy equipado, Mary requiere mucho más para lograr lo mismo". En otras palabras, no necesita todo lo que otros tienen para lograr lo mismo o más de lo que han adquirido. Usa lo que tienes.

Cuando te comparas con los demás, lo que tienes puede parecer insuficiente. Nunca terminaste la escuela secundaria, no tienes un título, has fallado en el matrimonio y eres terrible en las finanzas. *Deja de centrarte en lo que no tienes, más bien, en lo que tienes.* Obtén esto, estás equipado con más de lo que sabes. Negarse a dejar que la falta o la crisis lo obligue a estacionarse. Dios te ha dado una mente creativa. Úsalo.

La crisis es una herramienta poderosa si se usa de manera efectiva y es capaz de atraer la creatividad de cada ser humano. ¿Cuál es tu crisis sacando de ti? Está dentro ... solo necesita ser extraído. Mírate a ti mismo como un conductor que tiene un lugar al que debes ir, una tarea que completar y un propósito que cumplir. Por supuesto, tendrás obstáculos, pero sigue adelante, sigue adelante.

La sociedad dice que necesitas todo lo que los demás tienen, pero todo lo que realmente necesitas es una mente entregada a Jesús. Negarse a ser neutralizado por las insuficiencias del reino natural, funciona entre dos reinos. El reino espiritual es tu primero. ¿Qué dice el reino espiritual sobre ti? Hay un gran llamado a las personas para llegar a familias, comunidades y naciones. Lo que Dios te ha dado no puede ser contenido solo por ti. Las naciones están esperando. Veo territorios y fronteras agrandados. La incomodidad y la falta de solución pueden ser solo una indicación de que su espacio de influencia es demasiado pequeño. ¡Dios mío! Las personas te están esperando. Sí tú. Usa lo que tienes.

Una querida amiga mía le gritó a Dios preguntándole sobre su situación financiera. Ella dijo: "Señor, te he sido fiel, pago mis diezmos, me santifico, he rechazado el mal, entonces ¿por qué lo estoy teniendo tan difícil?" y el Señor respondió: "¿Qué pasó con las canciones?" La verdad es que el Señor la ha bendecido con una hermosa voz de canto, la unción para entregar y le dio docenas de canciones.

Esencialmente, lo que Dios le dijo es esto: "Ya te he dado lo que necesitas para salir de las crisis financieras". El estado actual en el que te encuentras es cosa tuya. Me recuerda a Dios diciéndole a Joshua cuando le gritó después de que Israel perdió la batalla contra Hai. Dios dijo "levántate de la cara, no es hora de llorar, es hora de actuar" (Josué 7: 6-10).

Renuevemos nuestras mentes a este lugar, donde sea que se encuentren nuestros dones y talentos, propongamos dar lo mejor de nosotros. Sé el mejor carpintero, maestro, abogado, limpiador de calles y limpiaparabrisas. Esta historia publicada en el periódico Jamaica Star el 20 de octubre de 2018 ilustra este punto.

A los 11 años, Dwayne Whittaker se escapó de su casa y mendigaba en la calle.
Se sintió incómodo haciendo esto y se dispuso a encontrar formas de ganar dinero. La vista de los hombres limpiando los parabrisas para ganarse la vida le llamó la atención y decidió comenzar a hacer algo que le hiciera sentir una sensación de logro. No asistía a la escuela, por lo que durante años Whittaker limpió los parabrisas y ahorró su dinero para un gran

día. Años más tarde, se inscribió en el Instituto HEART e hizo un curso de ingreso de datos. A partir de entonces, su vida pareció mejorar. Sin olvidar la forma en que comenzó, dijo Whittaker, que nunca abandonó la limpieza del parabrisas porque pone comida en la mesa e incluso se envía a sí mismo y a su hijo a la escuela.

Ahora inscrito en la Universidad de las Indias Occidentales y haciendo un curso de tres meses en producción cinematográfica, Whittaker dijo que está contento con su inscripción y que está trabajando para obtener su certificación en ese campo.

Whitaker es alguien a quien diríamos que tuvo una mala mano, pero usó esa mala mano y actualmente está estudiando en la Universidad de las Indias Occidentales. Muchas personas que tienen trabajos bien remunerados desean estudiar pero no lo han hecho. Nos mostró que su lugar de origen no tiene que determinar su viaje o su cierre. Whitaker nos mostró cómo usar lo que tenemos.

DEJAR DE FINGIR

A medida que buscamos una mente renovada, necesitamos alejarnos del dolor de fingir. Con Dios no tienes que fingir, solo sé quien eres, lo cual es mucho más fácil que fingir. Podemos ser abiertos con el Espíritu Santo. Comparte nuestros sueños, preocupaciones y defectos. Nuestros puntos de estrés son áreas de fallas. No tenemos que pretender tenerlo todo junto. Espera, ¿no crees que el Espíritu Santo sabe que no lo tienes todo junto? No lo tengo todo junto. Desearía haberlo hecho y, aunque no estoy donde me gustaría estar, me alegro de no estar donde solía estar.

Hay una liberación poderosa que viene de ser abiertamente honesto con el lugar en el que se encuentra en su viaje ... cuando no tiene que fingir que usa una talla 6 cuando está en una talla 9. Es una alegría saber que todavía eres una obra maestra en desarrollo. Aún eres un trabajo en progreso.

Todavía tengo algunos bordes ásperos. Pero adivina qué, estoy en el torno de alfarero. Los bordes ásperos sirven como un recordatorio de que Dios todavía me está moldeando y moldeando. También tienes tus bordes ásperos y quizás algunas grietas. ¿Pero adivina que? Ya no tienes que fingir. Continúa trabajando en ello. A medida que te aproveches de Dios, Él te ayudará. Thomas dijo que hasta que vea las cicatrices, no lo creeré. Ahí es donde estaba él. No creyó y expresó su duda.

Jesús se dirigió a la posición de Tomás. La duda de Thomas fue eliminada. Muchos de nosotros tenemos dudas y temores, pero simulamos que viven con nosotros durante años. La duda y el miedo se convierten en nuestros vecinos. ¿Sabías que fingir es una mentira? Sí lo es. Vivimos con la intención de hacer que las personas crean nuestras pretensiones. Eso es un engaño. Hemos estado fingiendo durante tanto tiempo que hemos olvidado quiénes somos realmente ... demasiadas caras diferentes.

¿Dónde estoy? ¿Dónde estás? Ahora, aquí hay uno duro. ¿Quiénes son las personas enamoradas? ¿Qué versión de ti? ¿Quién se paró en el altar y dijo: "Sí quiero"? ¿Por qué sus hijos y su cónyuge no pueden disfrutar de su versión que adoran su pastor y la familia de la iglesia? Muchos matrimonios fallan porque a medida que nos sentimos cómodos, comenzamos a quitar la máscara que estaba en el altar y dijo "Sí, quiero". Ahora, la pareja se pregunta" ¿quién es esta persona?" La confusión se establece y decimos que la persona cambió. Esto no es realmente un cambio, solo se revela la verdad.

Espere hermano Leo, si me quito las máscaras, las personas sabrán que no sé cómo recibir cumplidos o amor. No confío, estoy roto, etc. Es más fácil ingir. No estoy seguro de que te guste el desenmascarado, pero eso es lo que soy. ¿Todavía me amarás cuando veas mis grietas, mis defectos, debilidades, etc.? ¿Me seguirás amando cuando te des cuenta de que no siempre estoy fluyendo en la unción? La verdad es que nunca te tomaste el tiempo de conocerme. Amaste la unción. Así que dejemos de fingir. Este soy yo. Tengo algunos defectos en los que estoy trabajando. No soy perfecto. No soy perfecto pero solo quiero ser más como Jesús. Entonces, en el futuro, me quitaré la máscara. Soy lo que ves. Si ves una falla, si puedes ayudar, por favor ayuda. Si estás buscando un próximo chisme caliente, sigue adelante. Si seguimos estas claves de Renovación Mental, ¡lo superaremos!

CLAVES DE RENOVACION MENTAL

En este capítulo sobre "Superar", hemos compartido algunas claves de Renovación mental para ayudarlo a convertirse en una mejor persona. Aquí hay un resumen de estas claves que puede aplicar a su vida diariamente o según surjan las circunstancias. Lee y medita en ellos. Ora y declara sobre tu vida caminar en la victoria que Dios ha preparado para ti.

1. El poder de Dios reemplaza al poder de Satanás.
2. La gente está tan desesperada por una señal que el diablo no tiene que perder el tiempo para que parezca auténtico.
3. Su victoria no depende de un lugar de familiaridad sino de la fuerza de su comandante.
4. Cuanto mayores sean las probabilidades, mayor será la magnificencia de tu victoria.
5. El tamaño de tu enemigo es un testimonio de tu mandato, propósito y unción.

6. Dios sabe lo que puede hacer y para qué lo usará. Así que mantén la calma.
7. Cuando el enemigo te ataca, en realidad está fuera de su alcance
8. El enemigo no puede deshacer lo que Dios ha hecho en tu vida.
9. La razón por la que no hemos visto más victorias es porque hemos estado librando una batalla espiritual en el reino carnal.
10. Escapar de la prisión de la comparación y la competencia.
11. Deja de centrarte en lo que no tienes, más bien enfócate en lo que tienes. Usa lo que tienes.
12. Obtén esto, estás equipado con más de lo que sabes.
13. Negarse a dejar que la falta o la crisis lo obligue a estacionarse.
14. Negarse a ser neutralizado por las insuficiencias del reino natural. Funcionas entre dos reinos.
15. La incomodidad y la falta de solución pueden ser solo una indicación de que su espacio de influencia es demasiado pequeño.
16. Necesitamos alejarnos del dolor de fingir.
17. Las experiencias son capaces de abrir tu conciencia y tus sentidos a lo previamente desconocido.
18. Las cucarachas se van donde no se proporciona comida.

CAPÍTULO 18:
VINIENDO A TI MISMO

"No se convierta en lo que decidió conformarse, sino en lo que estaba destinado a ser".
—Leostone Morrison

Como el prodigal, del capítulo 15 de Lucas, perdí todo lo que confiaba y amaba. Las malas decisiones y la impaciencia me habían arrojado a aguas para las que no estaba preparado. Entonces el vacío me obligó a darme cuenta de que no pertenecía a esa posición. Traté de hacerlo sin Dios y me despertó groseramente el hecho de que no puedo. Tu también cometió sus errores y, como el hijo pródigo, necesita matar el orgullo y el deseo de echarle la culpa para volver a levantarse. Debes decidirte en tu corazón para levantarte y volver al Padre. Es hora de que vuelvas a ti mismo y abraces tu hogar, el lugar donde te esperan todos los suministros para tus necesidades.

Y desearía haberse llenado el estómago con las cáscaras que comieron los cerdos, y nadie se lo dio. Y cuando volvió en sí, dijo: ¡Cuántos sirvientes contratados de mi padre tienen pan y sobra, y yo perezco de hambre! Me levantaré e iré a mi padre, y le diré: Padre, he pecado contra el cielo y ante ti (Lucas 15: 16-18).

A medida que vuelves a ti mismo y tu mente se renueva, ten en cuenta que la experiencia es un maestro maestro. Las experiencias son capaces de abrir su conciencia y sentidos a lo previamente desconocido. Sin embargo, las lecciones enseñadas pueden perderse fácilmente. Del versículo 16b, "nadie le dio", se puede aprender una poderosa lección. Puede que hayas estado allí también. Les diste, estabas allí para ellos, pero ahora estás en apuros, todos se han ido. Nadie viene en tu ayuda. Sé consciente de esta verdad, nunca te vieron, vieron tus regalos y lo que tenías para ofrecer. Nunca te interesaron, solo lo que podían obtener de ti. Ahora no tienes nada, ¿por qué deberían quedarse?

El error que cometió no fue garantizar que la amistad fuera recíproca. Fue unilateral todo este tiempo. Pero estabas demasiado enamorado para ver. Dígale a ese amigo "no" a veces, no marque su número (vea si llama) mire el lenguaje corporal mientras comparte una victoria. Haga un balance de los tomadores versus los donantes. Renueva tu mente de esta manera, ¿es esta amistad una necesidad o un suministro?

Veamos nuevamente el texto en Lucas 15:17: "Y

cuando volvió en sí mismo, dijo: ¡Cuántos sirvientes contratados de mis padres tienen pan suficiente y de sobra, y yo perezco de hambre!" La escritura aquí sugiere que hubo una separación entre el joven y él mismo. En otras palabras, estaba funcionando fuera de su ser normal. Significa, por lo tanto, que su comportamiento y acciones estaban siendo influenciados por una fuerza invisible. Necesitamos entender que algunos comportamientos que vemos que se demuestran no son normales, sino que provienen de influencias negativas.

Vamos a traerlo a casa. Piensa en tus acciones. ¿Estás actuando como tú o estás siendo influenciado por fuerzas negativas? ¿Tu espíritu, mente y cuerpo están en cohesión o sincronizados? ¿Estamos funcionando como una persona o como un ser desarticulado? Como un hombre piensa, él también. Se debe poner mucha atención en qué o quién está influyendo en nuestros pensamientos. Cuando el Espíritu Santo te dice que hagas algo y tu cuerpo está en desacuerdo, ese es un ejemplo clásico de un ser desarticulado. Lo que se necesita es la entrega total de nuestros pensamientos al Espíritu Santo.

La verdad es que muchos de nosotros necesitamos volver a nosotros mismos. El hijo estaba fuera de sí mismo desde que comenzó a pensar en pedirle a su padre su herencia. Se quedó en ese lugar hasta que lo desperdició todo y ahora estaba roto y comiendo entre los cerdos. Este es un lugar peligroso para quedarse. La guerra será para evitar que vuelvas a ti mismo. El enemigo intentará mantenerte desarticulado. Una persona desarticulada nunca tendrá éxito. Una persona desarticulada tendrá problemas para discernir la voz del Espíritu Santo frente a la voz de los demonios. Escuche lo que dice el Espíritu Santo, por ejemplo, cuando un hombre y una mujer se casan, se convierten en uno. Desafortunadamente, hay matrimonios que aún están desarticulados. No son ellos mismos.

¿Sabía que si habla mal de su cónyuge, habla mal de ti? Si maldices a tu cónyuge, te estás maldiciendo a ti mismo. Después de esto, pides oración, pero lo que necesitas es arrepentimiento. Hay matrimonios fallidos porque las parejas han estado trabajando en contra del matrimonio. Tenemos que cambiar eso. Vuelve a la unidad. Has estado ayunando para que la persona cambie pero rápido para tu cambio. El joven volvió a sí mismo. Obtuvo su liberación. Sus ojos fueron abiertos. La nube de desarticulación fue eliminada.

Padre en el nombre de Jesús, oro, ato y elimino cada nube oscura que se ha colocado estratégicamente para causar ceguera y autodestrucción. Mira la estrategia del enemigo. Por favor no te lo pierdas. El enemigo lo enfrentó contra sí mismo. Se convirtió en su mayor enemigo. ¡Dios mío! Fue emboscado. Escucha, si el enemigo puede hacerte luchar contra ti mismo, su trabajo está hecho.

En Marcos 3:25, Jesús dijo que una casa dividida entre sí no puede sostenerse. Identifica la división y aplástala. Negarse a dejar que la auto-división continúe reinando. Vuelve a la unidad del yo. Se necesita orden en nuestro ser para funcionar de manera adecuada y efectiva. "Y no te conformes con este mundo: pero sé transformado por la renovación de tu mente, para que puedas probar lo que es esa buena, buena, aceptable y perfecta voluntad de Dios" (Romanos 12: 2). Volveremos a nosotros mismos a medida que nuestras mentes se renueven y se transformen. Habla cambio a tu mente. "Cuidado, te hablo ahora mismo. Durante demasiado tiempo has estado actuando de manera extraña, pero hoy te llamo a la sumisión y a la transformación de y por la palabra de Dios, en el nombre de Jesús ".

Escuche esto, no es suficiente para obtener su liberación, necesita mantenerla. Obtuvo su liberación cuando volvió en sí. Decidió mantenerlo cuando decidió regresar a casa, de regreso a la fuente. Si ha estado recibiendo liberación de lo mismo una y otra vez, debe mantener su liberación. Es la liberación de tu mente. Es hora de dejar de verte a ti mismo como insuficiente, pensando que no estás a la altura, que perteneces a la parte de atrás. Deja de conformarte con menos. Te mereces lo mejor. Acepta que Dios te ha calificado. Dile a ese pensamiento adiós. Si el enemigo logra bloquear tu mente, nunca más tendrá que pelear contigo. Eres más de lo que el enemigo quiere que creas.

El enemigo quiere que vivas por debajo del estándar que Dios ha preparado para ti. Él volvió en sí mismo. ¿Qué lo empujó a volver a sí mismo? Fue su quebrantamiento y el favor de Dios. Al romperse, experimentar la hambruna, trabajar con los cerdos, los amigos que lo abandonaron, nadie le dio nada ... Fue duro pero fue el favor de Dios. Al volver en sí, reconoció que estaba en un mal lugar. No había espacio para fingir que todo estaba sincronizado. A medida que renueve su mente, rehúse fingirse alejado de su avance.

Una noche mi hijo me preguntó: "¿Qué tengo que decirle?" Le dije: "invierte en tu mañana". Lo que estás viviendo hoy es lo que se sembró en el pasado. Las decisiones que tome hoy determinan el futuro que vive. Por lo tanto, vuelve a ti mismo hoy y deja de disfrazarte de la inmundicia de tu locura. Invierte en tu mente. Renueva tu mente.

DAÑANDO LO SUFICIENTE COMO PARA CAMBIAR

En una de sus charlas motivadoras, Les Brown compartió una historia. Un niño y su padre salieron a caminar. Eran nuevos en la comunidad. Vieron a un anciano sentado en la terraza con su perro tendido en el suelo junto a él. Cuando se acercaron, el niño se dio cuenta de que el perro estaba gimiendo. Preocupados, le preguntaron al anciano, "¿qué estaba mal?" El hombre respondió: "está acostado sobre un clavo que lo está lastimando. Sin embargo, el dolor no es suficiente para que se mueva ".

El perro deseaba una posición que tenía un precio, dolor. Su liberación dependía de él. Depende de su disposición a moverse. Estaba acostado pero no descansaba... acostado de dolor. Al igual que este perro, algunos de nosotros estamos acostados sobre unas uñas grandes. Llevamos tanto tiempo en la situación que nos hemos aclimatado. En lugar de llegar a un lugar de descanso, nos quedamos gimiendo de dolor. Mientras discutía esta verdad con una amiga, ella dijo: "¿y si el dolor es todo lo que la persona sabe?" Esta es su normalidad. Para el extraño, parece un abuso, pero así es como se cultivó a la persona. Tu dolor podría ser normal de alguien. En este caso, se necesita la renovación mental.

Escuche la Palabra del Señor: "Dios ha preparado un lugar de descanso para ti. Puede quitarle la uña o sacarlo del lugar donde está el dolor. No estás confinado al dolor ". El perro tenía una relación con el hombre, y por eso quería estar cerca de él. Sin embargo, estar cerca significaba sufrir abusos. Si te aferras a una relación abusiva, te está lastimando perpetuamente, pero supongo que al igual que el perro, no duele lo suficiente. Al renovar nuestra mente,

¿cómo debemos orar? ¿Debemos rezar para que el dolor aumente hasta que se vuelva insoportable o rezar para que la persona venga a un lugar donde se toma la decisión de escapar del dolor?

El hijo pródigo volvió a sí mismo cuando el dolor se hizo insoportable. Tienes que recuperar tus derechos. Negarse a dejar que el abuso de otros determine cómo actúa, piensa y responde. No hacerse cargo de su destino es una de las formas del enemigo de permitirle cuestionar su identidad. ¿Te acuerdas de quién eres? Eres un hijo de Dios (Juan 1:12). Comienza a hablarte a ti mismo hasta que lo creas y luego actúa: hijo de Dios. Debes decidir no tomar más. ¡No más mentiras en las uñas!

EXPRESA TU MENTE RENOVADA

Una mente renovada tendrá oportunidades para expresar riqueza. En el relato del hijo pródigo, vemos a un padre rico que fue herido por la solicitud de su hijo menor pero estaba dispuesto a dejar de lado su dolor y dolor cuando su hijo regresó a casa. ¿Cómo tratamos a quienes nos han tratado mal, malgastaron nuestro arduo trabajo y ahora regresan angustiados? A veces nos sentimos usados. Si no estuvieran en crisis, entonces no hubiéramos tenido noticias suyas. Puede que tengas razón.

Sin embargo, cuando comprendemos que Dios permitió que el maltrato los llevara de vuelta a un lugar seguro, cuando regresen debemos al menos asociarnos con Dios y ayudarlos a encontrar descanso. Hay un lugar donde la restauración es la medicina requerida, no más palizas. Vine a ti porque estoy maltratada. No necesito otra paliza.

Aquí es donde tenemos que dejar de lado nuestros dolores y dolores y administrar la curación. La verdad es que, después de ser sanada, la persona podría no quedarse. Y eso está bien. No intentes obligar a alguien a quedarse donde no quiere. Exprese su mente renovada mientras sana, restaura y libera. Me encanta cómo lo hizo Naomi en el libro de Rut. Ella ayudó a sus nueras durante su tiempo de duelo y luego les dijo que es hora de que nos separemos, volvamos con tu familia. Una de sus nueras se fue (Orpah) y la otra (Ruth) se quedó. Comprende que los Orpah se irán y los Ruth se quedarán. Nunca intentes hacer que Orpah desempeñe el papel de Ruth. El tiempo de Orpah en tu historia ha terminado. Ella no es desagradecida. Ella hizo lo que se le asignó hacer. Sanar, restaurar, ahora liberar.

El padre rico restauró a su hijo por encima de lo que el hijo estaba preparado. Lo restauró a la filiación, aunque el hijo estaba preparado para ser como un sirviente contratado. Fue restaurado a su antiguo lugar. A medida que renuevas tu mente, estás siendo restaurado a tu lugar legítimo. No se está convirtiendo en lo que decidió conformarse, sino en lo que estaba destinado a ser.

CLAVES DE RENOVACION MENTAL

En este capítulo sobre "Siendo Ti mismo" hemos compartido algunas claves de Renovación Mental para ayudarlo a convertirse en una mejor persona. Aquí hay un resumen de estas claves que puede aplicar a su vida diariamente o según surjan las circunstancias. Lee y medita en ellos. Ora y declara sobre tu vida caminar en la victoria que Dios ha preparado para ti.

1. La experiencia es una maestra maestra.
2. Una persona desarticulada nunca tendrá éxito.
3. Negarse a dejar que la auto-división continúe

reinando.
4. Si el enemigo logra bloquear tu mente, nunca más tendrá que pelear contigo.
5. Deja de disfrazarte de la inmundicia de tu locura.
6. Su dolor podría ser normal de alguien.
7. Una mente renovada tendrá oportunidades para expresar riqueza.
8. Cuando entendemos que Dios permitió que el maltrato los llevara de vuelta a un lugar seguro, cuando regresen debemos al menos asociarnos con Dios y ayudarlos a encontrar descanso.
9. Deje de lado nuestras heridas y dolores y administre la curación.
10. Sanar, restaurar y liberar.
11. Nunca intentes hacer que Orpah desempeñe el papel de Ruth.
12. Persiga no lo que decidió conformarse, sino lo que estaba destinado a ser.
13. No conquistarás lo que no has enfrentado.

EPÍLOGO:
AVANZANDO

Cambiemos de opinión para vivir intencionalmente. No se deje llevar simplemente por el viento, sino comience un viaje de propósito. Persigue a un mejor por la renovación de su mente. Tenemos algunas claves de bonificación para ti. Úsalos para convertirte en un mejor TÚ.

1. **Recuerde diariamente que es un hijo de Dios.** Antes de la fundación del mundo, Dios te amaba. Esto debería ser suficiente para recordar que antes de que hubiera algo que te amaba.

2. **Piensa positivamente en ti mismo.** Haga un esfuerzo concertado para eliminar lo negativo y abrazar lo positivo. Durante años, la negatividad ha reinado y ha llovido su ataque de dispositivos de destrucción del destino,

autodefensa y matanza de propósito sobre ti.

Pero en el futuro, a medida que renueves tu mente, lucharás y te harás cargo. Lo positivo es más atractivo, orientado a objetivos e impulsado. Entiendes y aceptas que no eres peor que nadie, eres una persona hermosa / hermosa e inteligente. No eres lo que otros dicen o piensan, sino uno que tiene el poder de hacer o deshacerse de lo que dices o piensas.

3. **Enfrenta tus miedos:** para renovar adecuadamente tu mente, debes estar dispuesto a enfrentarlos. Jonathan y Melissa Helser hicieron una canción: "Ya no soy un esclavo del miedo". Durante años, el miedo ha dictado su discurso, caminar e incluso sus pensamientos. El miedo ha impedido que muchos proyectos multimillonarios se conviertan de una idea a una realidad. ¿Qué tiene miedo te ha atado? Es hora de ser libre. Su miedo a hablar en público o expresar su mente le ha impedido ver sus fronteras expandidas. Renueva tu mente de esta manera: "Dios no te ha dado un espíritu de miedo sino de amor, poder y una mente sana". (2 Timoteo 1: 7). Por lo tanto, el miedo ya no te mantendrá en la oscuridad, ya que la luz espera desesperadamente tu riqueza. Pon tu confianza en Dios, entonces vencerás cualquier cosa. Tenga la seguridad de que no conquistará lo que no ha enfrentado.

4. **No te compares con los demás:** esto me ayudó mucho. Escuché que T.D. Jakes lo dijo y lo abracé por completo. "Si Dios quisiera otro T.D. Jakes, habría hecho otro." Dios te quería, así que te creó. No te compares con los demás ni trates de ser como alguien más. Se tu Deje que lo único que se exprese y conozca. Vive esta verdad: "Soy quien Dios dice que soy. Soy yo, (pon tu nombre) No Leo, no Mary, Sue o Jane ". Abortar el deseo de comparar y, en cambio, amarte.

5. **Desarrollar una fuerte autoconfianza.** Puedes hacerlo. Puedes volver a la escuela, obtener ese título, tener éxito en el matrimonio, ser ese orador motivador o simplemente perder el peso que has deseado durante tanto tiempo. Puedes hacerlo. Deja de menospreciarte a ti mismo.

6. **Sea agradecido por todo lo que tiene:** una gran transformación se está volviendo agradecido por todo lo que tiene, la familia, el estado financiero, el techo sobre la cabeza, la ropa para usar, la comida para comer y los zapatos para usar. Puede que no tenga mucho dinero, pero tiene más que suficiente. Hemos estado esperando la gran oportunidad mientras ignoramos las pequeñas bendiciones.

7. **Habla palabras positivas sobre ti y sobre los demás.** Mantenga la calma y evite arrebatos

negativos sobre cualquier persona, incluido ti mismo, cuando esté enojado o molesto.

8. **Cree que puedes lograr:** Durante demasiado tiempo, has dudado de ti mismo. Cree que puedes lograr todo lo que enfocas tu mente para lograr. Si tu estado mental es, *no puedo hacerlo*, entonces tú no lo harás.

9. **Establezca metas medibles.** Tenga un plan y trabaje para lograr dicho plan. Date plazos establecidos.

10. **Haz actividad física nuevamente.** Deja de decirte a ti mismo que no vale la pena. Levántate, sal y ejercítate.

ORACIÓN DE CLAUSURA

Yo declaro en el nombre de Jesucristo que mi mente no retrocederá a donde se ha ido. Me convertiré en quien Dios dice que soy. A medida que continúo renovando mi mente, me niego a quedar atrapado en la etapa de oruga, pero perseguiré a la mariposa dentro de mí. Me regocijo en la riqueza de mi espíritu, ya que se alimenta del depósito de Dios. Ya no estoy obligado a las limitaciones del reino físico y con mucho gusto demostraré la libertad del Espíritu. Declaro que cumpliré mi destino con la ayuda del Espíritu Santo.

Llamo a todos mis Ayudantes del Destino para que se alineen con la palabra y la voluntad de Dios. No soy un fracaso, la victoria es mi nombre. Me libero de los errores de mi pasado y disfruto de la generosidad de mi presente mientras simultáneamente creo la riqueza de mi futuro. Ya no soy producto de mis circunstancias, sino una obra maestra de Dios. Mi mente se transforma, mi vida se transforma y soy una persona nueva. Pensaré, hablaré y viviré desde mi mente renovada.

El viejo yo se ha ido, y abrazo al nuevo yo, el renovado
yo.

REFERENCIAS

Una conversación con Wayne Dyer. (Dakota del Norte.). Recuperado el 07 de diciembre de 2018, de https://www.drwaynedyer.com/press/conversation-
wayne-dyer /

Bigun. (16 de febrero de 2006). La esposa no está salvada. Recuperado el 5 de diciembre de 2018 de https://www.christianforums.com/threads/wife-es-no guardado.2580693 /

Definición y significado del copero. Diccionario Bíblico (Dakota del Norte.). Recuperado el 4 de diciembre de 2018 de https://www.biblestudytools.com/dictionary/cupbearer /

Entrenador Diamond DART-450 / TA-20. (2018, 30 de diciembre). Recuperado el 30 de diciembre de 2018 de https://thaimilitaryandasianregion.wordpress.com / 2018/12/30 / diamond-dart-450-ta-20trainer /

Hills, C. (2016, 04 de mayo). Historia antigua, moderna Mensaje: La olla agrietada.

Recuperado diciembre 7, 2018, desde https://www.tcmworld.org/ancient-storymodern-message -the-cracked-pot/

"Tengo un sueño", discurso pronunciado en la Marcha en Washington por Empleos y Libertad. (2019, 25 de enero). Recuperado el 7 de diciembre de 2018, de https://kinginstitute.stanford.edu/kingpapers/documents/i -have-dream-addressdelivered-march-washington-jobs-a ndfreedom

Citas de Marcus Garvey. (Dakota del Norte.). Recuperado el 8 de diciembre de 2018 de https://www.brainyquote.com/quotes/marcus_garvey_365148

Citas de Marcus Garvey. (Dakota del Norte.). Recuperado el 8 de diciembre de 2018 de https://www.brainyquote.com/quotes/marcus_garvey_365148

Matthews, K. (2017, 18 de noviembre). Los policías inician la investigación luego de revisar el video suicida. Recuperado el 5 de diciembre de 2018 de http://www.loopjamaica.com/content/copslaunch-probe- after-reviewing-suicide-video

Promesa. (Dakota del Norte.). Recuperado el 25 de diciembre de 2018 de https://www.merriam-webster.com/dictionary/promise

Rampton, J. (09 de diciembre de 2014). 15 maneras de Conviértete en una mejor persona. Consultado el 5 de diciembre de
2018, de https://www.inc.com/john-rampton/ 15 maneras de convertirse en una mejor persona.html

Realidad | Definición de realidad en inglés por Oxford Dictionaries. (Dakota del Norte.). Recuperado el 15 de diciembre de 2018 de
https://en.oxforddictionaries.com/definition/rea lity

Equipo, M. (25 de noviembre de 2018). 13 años Suicidio cometido en Santa María; Video encontrado en celular. Recuperado el 17 de diciembre de 2018 de https://newsbugmedia.com/world/19-ja-local/1 350-13-
y-o-boy-commited-suicide-in-stmary-video-foun d-on- cellphone

Equipo, P. (30 de enero de 2019). Barack Obama cita sobre cambio, educación e igualdad. Recuperado el 4 de diciembre de 2018 de https://everydaypowerblog.com/barack-obamaquotes/

Las tres partes del hombre: espíritu, alma y cuerpo. (2018, 20 de julio). Recuperado el 07 de diciembre de 2018, de https://blog.biblesforamerica.org/thethree-parts-of-man-s pirit-soul-and-body/

No puede haber mayor regalo que el de dar tiempo y energía para ayudar a otros sin esperar nada a cambio. (Dakota del Norte.). Recuperado el 14 de diciembre de 2018 de http://quotes.yourdictionary.com/author/nelson-mandela / 611449

Citas de Thomas Jefferson. (Dakota del Norte.). Recuperado el 07 de diciembre de 2018 de https://www.brainyquote.com/authors/thomas_jefferson .

SOBRE EL AUTOR`

Nacido en Jamaica, Leostone Peron Morrison, ha servido como Pastor Asistente, Consejero de Orientación en el Ministerio de Educación en Jamaica y Oficial de Libertad Condicional en St. Kitts y Nevis. Él es el fundador del Ministerio de Estudio Bíblico Climb de Next Level. La limpieza del baño fue su primera misión ministerial.
Se graduó en el Seminario Teológico de Jamaica, donde obtuvo una Licenciatura en Teología con una especialización en Orientación y Asesoramiento. Obtuvo un Diploma en Principios Bíblicos de la Escuela Bíblica Victoria y un Certificado de la Escuela Internacional de Misiones Aceleradas. Está casado y tiene cuatro hijos y una hija.

www.ingramcontent.com/pod-product-compliance
Lightning Source LLC
Chambersburg PA
CBHW071656090426
42738CB00009B/1550